心理物理学
― 心理現象と視機能の応用 ―

職業能力開発総合大学校東京校教授
工学博士 村岡 哲也 著

技報堂出版

比較刺激　　　　　　標準刺激

図 4.2　周囲照度の影響を調べる装置

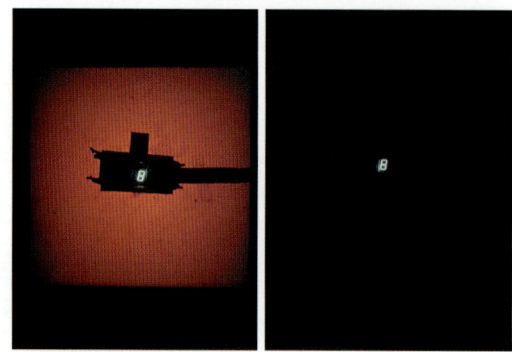

標準刺激　　　　　　比較刺激

図 4.3　背景の影響を調べる装置

図 5.4　表示器のセグメント構成

比較刺激　　　　　標準刺激

図 5.12　測定装置

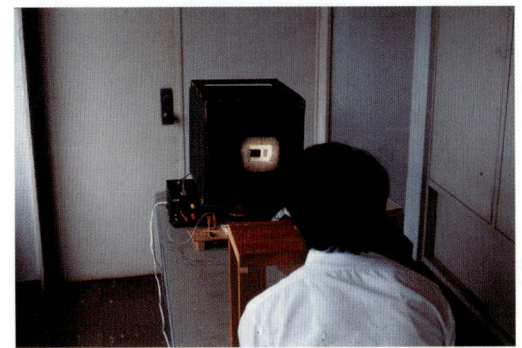

図 6.1　図 7.2　測定装置

図 10.2　眼精疲労の負荷実験状況（顔面固定）

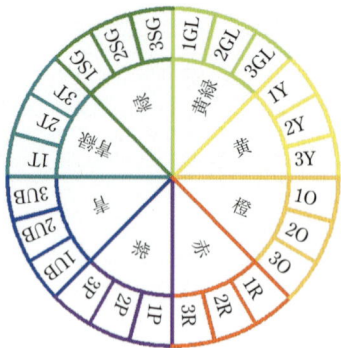

図 11.1　オストワルト表色系の色相環

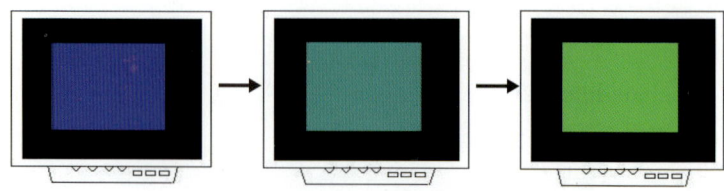

図 11.2　短波長の補色の出力例

図 11.4　3 次元 (3D) の仮想遠点画像の一例

図 11.7　アルプスの静止画

はしがき

「心理物理学(Psychophysics)……？」．初めて耳にされ，「なんだかよくわからないよ」とおっしゃる方が多いかもしれません．心理物理学は，人間の行動から推測される心理現象を解析し，得られた解析結果を物理量で評価するので，人間の心理や機能，あるいは生活環境などが関係する工学から医学までのあらゆる学際領域に適用可能です．例えば，五感(視覚・聴覚・触覚・嗅覚・味覚)，Human-Machine Interface，日常生活における利便性，環境問題，および心理的抑圧感が原因するうつ病や心身症の治療などがあげられます．本書は，あくまで研究・開発を目的とした理論の展開を中心に執筆したので，実用例が必要な方は，拙著『ものつくり革命，— ひらめきと製品化 —』(技報堂出版，2004)を参照してください．

心理物理学は，測定に人間の感覚や機能が使われますので，低コストで如何なる社会的要求にも対応できるというメリットがあります．しかし，評価に多人数の研究データを必要とするので，短期間では成果が得られないというデメリットも併せもっています．また，市販の「ものさし」のように簡単に測定できるわけではありません．なぜなら，人間が高度な学習能力と情動を有しているために，測定に使われる感覚や機能の設定条件が複雑で特性の抽出に困難を極めます．

条件設定を誤ると，測定データのバラツキが大きくなって，特性がその中に埋没したり，データが特定方向に偏ったりします．「どうしたら期待する特性が抽出できるのか……？」．そのノウハウを以下に示します．

①特性抽出を念頭において，そのための設定条件をクリアした人を心理物理学実験の被験者とします．

②主観的等価点，弁別いき(閾)，刺激いきなどの測定や，カテゴリ尺度による評価法などを用いて特性抽出をします．

③カテゴリ尺度の評価法は，カテゴリのもつ意味を被験者が等間隔に理解でき

なかったとき測定データがバラツクので，カテゴリ表現を単純明快にし，尺度は両端と真ん中を押さえて等間隔になるように細心の注意を払ってください．

④カテゴリ尺度の評価結果同士を比較するために，両者に共通の精神物理学データを「ものさし」とします．

近年，心理物理学もようやく学際領域としてのまとまりを見せてきました．そこで，さらに多くの方々に心理物理学の内容と手法を理解していただこうと，著者の足掛け30年間にわたる五感の研究・開発成果をまとめて1冊の書物にすることを試みました．本書は，五感のうち特に視覚をテーマとし，著者の研究論文と特許をすべて拾い出して，その実験手法と解析法を紹介しました．内容を手短に説明しますと，まず，

①視認性を「明視性」と「可読性」の2種類に分類し，精神物理学における実験手法を適用して特性を抽出する方法を紹介します．このとき，明視性では主観的等価点と弁別いきを求め，可読性では刺激いきを求めた後，両者の関連を比較検討しました．

つぎに，

②カテゴリ尺度を用いて，VDT作業における眼精疲労の評価と回復について検討し，回復処置に至るVDT作業時間とその指標，および回復効果を表す指標などを求めました．なお，カテゴリ尺度の評価結果同士を比較するには，共通の「ものさし」となる精神物理学データが必要です．

さらに，

③「眼精疲労の評価・回復方式」から示される普遍的な提案として，知的産業時代におけるニューバージョンの労働形態を取り上げました．

本書に記述されている実験手法と解析法は，視覚だけでなく，五感のすべてに適用できるように配慮しました．また，人間の心理や生理が関与するあらゆる科学に，幅広く，また奥深く，応用が見込めるように工夫したつもりです．もし，心理物理学の領域を超えて認知脳科学から情動までの解明ができれば，高度な学習能力と知的な判断力，および優しい心などを併せもった自立型ヒューマノイドが誕生します．すなわち，本書の実験手法と解析法を上手に活用すれば，新規の研究・開発は無論のこと，今まで不可能と諦めて手つかずになっていた様々な研

究・開発にも，再度，希望の明かりが点灯するはずです．

　最後に，「心理物理学」という，あまり聞き慣れない学際領域に執筆のチャンスを与えて下さり，レイアウトや校正など，編集面で多大なご尽力をいただきました技報堂出版株式会社編集部の宮村正四郎氏と関係各位に深謝申し上げます．

2005年1月

村岡　哲也

目　次

第1章　心理物理学とは …………………………………………………… 1
1.1　心理物理学の定義 ……………………………………………… 1
1.2　心理物理学の歴史 ……………………………………………… 4
　　　　　　　参考文献 ………………………………………………… 5

第2章　精神物理学 ………………………………………………………… 7
2.1　測定対象 ………………………………………………………… 7
2.1.1　主観的等価点 ……………………………………………… 7
2.1.2　弁別いき …………………………………………………… 8
2.1.3　刺激いき …………………………………………………… 9
2.2　測定方法 ………………………………………………………… 10
2.2.1　調　整　法 ………………………………………………… 10
2.2.2　極　限　法 ………………………………………………… 11
2.2.3　恒　常　法 ………………………………………………… 11
　　　　　　　参考文献 ………………………………………………… 12

第3章　視対象の注視 ……………………………………………………… 13
3.1　基本的な脳波 …………………………………………………… 13
3.2　注視状態 ………………………………………………………… 15
　　　　　　　参考文献 ………………………………………………… 15

第4章　視　認　性 ………………………………………………………… 17
4.1　視認性の定義 …………………………………………………… 17
4.2　心理物理学測定法 ……………………………………………… 17
4.2.1　視認性の測定 ……………………………………………… 18
4.2.2　視認方向角と認知いき …………………………………… 22

参考文献 ……………………………………………… 25

第5章 明 視 性 …………………………………………………… 27

 5.1 発光表示器の明視性 ……………………………………… 27
 5.2 輝度測定 …………………………………………………… 28
  5.2.1 測定方法 …………………………………………… 28
  5.2.2 輝度検量線 ………………………………………… 29
 5.3 主観的明るさの測定 ……………………………………… 31
  5.3.1 視角と視距離 ……………………………………… 31
  5.3.2 測定方法と結果 …………………………………… 32
  5.3.3 要因分析 …………………………………………… 35
  5.3.4 主観的等価輝度に影響を及ぼす因子 …………… 35
  5.3.5 明るさの弁別 ……………………………………… 39
 5.4 非発光表示器の明視性 …………………………………… 42
 5.5 輝度対比の測定 …………………………………………… 43
 5.6 主観的輝度対比等価点の測定 …………………………… 45
  5.6.1 主観的輝度対比等価点 …………………………… 45
  5.6.2 要因分析 …………………………………………… 46
  5.6.3 主観的輝度対比に影響を及ぼす因子 …………… 48
  5.6.4 輝度対比弁別いき …………………………………… 49
   参考文献 ……………………………………………… 50

第6章 発光表示器の可読性 ……………………………………… 53

 6.1 可読性の評価 ……………………………………………… 53
 6.2 輝度対比の測定 …………………………………………… 54
  6.2.1 測定方法 …………………………………………… 54
  6.2.2 測定結果 …………………………………………… 55
 6.3 可読性の測定 ……………………………………………… 56
  6.3.1 測定方法と結果 …………………………………… 56
  6.3.2 正読率に影響を及ぼす要因の分散分析 ………… 58
  6.3.3 外乱光の表示面への映り込みと正読率 ………… 59
 6.4 正読率に影響を及ぼす因子の考察 ……………………… 60
  6.4.1 表面反射による正読率の変化 …………………… 60

目　次　vii

　　　6.4.2　提示数字の形状による正読率の変化 …………………… 60
　　　6.4.3　直前に判読された数字の正読率への影響 ………… 62
　6.5　輝度むらと認知時間 ………………………………………… 63
　　　　参考文献 …………………………………………………… 65

第7章　非発光表示器の可読性 …………………………… 67

　7.1　可読性の評価 ………………………………………………… 67
　7.2　1桁の数字の可読性実験 …………………………………… 67
　　　7.2.1　測定方法 ……………………………………………… 67
　　　7.2.2　正読率に影響を及ぼす要因分析 …………………… 69
　　　7.2.3　正読率に影響を及ぼす因子の考察 ………………… 70
　7.3　3桁の数字の可読性実験 …………………………………… 76
　　　7.3.1　測定方法と結果 ……………………………………… 76
　　　7.3.2　正読率に影響を及ぼす要因分析 …………………… 78
　　　7.3.3　正読率に影響を及ぼす因子の考察 ………………… 79
　　　　参考文献 …………………………………………………… 82

第8章　視認性の評価方式 ………………………………… 85

　8.1　視認性のまとめ ……………………………………………… 85
　8.2　視認性の評価方式に関する提案 …………………………… 86
　8.3　精神物理学のまとめ ………………………………………… 88
　　　　参考文献 …………………………………………………… 89

第9章　心理物理学 ………………………………………… 91

　9.1　精神物理学から心理物理学へ ……………………………… 91
　9.2　カテゴリ評価の尺度とものさし …………………………… 92
　9.3　評価尺度に対するカテゴリ表現 …………………………… 93
　9.4　統計手法の導入 ……………………………………………… 94
　　　9.4.1　測定誤差 ……………………………………………… 94
　　　9.4.2　測定データ平均と95％信頼区間 …………………… 96
　　　9.4.3　最小2乗法 …………………………………………… 97
　　　9.4.4　F-検定 ……………………………………………… 97

　　　　　9.4.5　t-検定 ……………………………………… 97
　　　　　参考文献 ………………………………………… 97

第10章　眼精疲労の評価 …………………………………… 99

10.1　眼精疲労 …………………………………………… 99
　　10.1.1　眼精疲労の定義 ………………………………… 99
　　10.1.2　疲労の測定と評価 ……………………………… 101

10.2　視機能の低下と生理変化 ………………………… 102
　　10.2.1　視感覚系の機能の低下 ………………………… 102
　　10.2.2　視器運動系の機能の低下 ……………………… 103
　　10.2.3　生理変化の測定 ………………………………… 104
　　10.2.4　視機能の低下と生理変化の測定結果 ………… 104
　　10.2.5　眼精疲労の評価の進め方 ……………………… 108

10.3　眼の調節機能の低下 ……………………………… 108
　　10.3.1　ランドルト環による調節機能の低下の測定 … 109
　　10.3.2　印字による眼の調節機能の低下の測定装置 … 110
　　10.3.3　VDT画面出力による眼の調節機能の低下の測定装置 … 111

10.4　VDT作業における眼精疲労の評価 ……………… 112
　　10.4.1　実験条件および実験工程 ……………………… 113
　　10.4.2　VDT作業後の疲労感 …………………………… 115
　　10.4.3　ランドルト環による調節機能の低下の測定結果 … 117
　　10.4.4　疲労と仕事率の関係 …………………………… 118
　　10.4.5　疲労の指標と回復処置および休息の関係 …… 118
　　10.4.6　回復処置および休息の指標 …………………… 121

10.5　眼精疲労の評価の細目 …………………………… 122

10.6　眼精疲労の評価方式 ……………………………… 122
　　10.6.1　眼精疲労の評価 ………………………………… 122
　　10.6.2　眼精疲労の評価方式に関する提案 …………… 123
　　　　　参考文献 ………………………………………… 124

第11章　眼精疲労の回復 …………………………………… 127

11.1　眼精疲労の回復システムの開発 ………………… 127
　　11.1.1　補色による色刺激の無彩色化システム ……… 128

　　　　　11.1.2　仮想遠点動画像による眼の調節機能の回復システム ‥‥ 131
　　　　　11.1.3　眼精疲労の回復効果 ‥‥‥‥‥‥‥‥‥‥‥‥‥‥‥‥ 133
　　　11.2　VDT 作業における眼精疲労の回復 ‥‥‥‥‥‥‥‥‥‥‥‥‥ 136
　　　　　11.2.1　眼精疲労に対する 5 段階の尺度評価 ‥‥‥‥‥‥‥‥‥ 136
　　　　　11.2.2　眼精疲労の回復に対する 5 段階の尺度評価 ‥‥‥‥‥‥ 137
　　　　　11.2.3　眼精疲労の回復処置 ‥‥‥‥‥‥‥‥‥‥‥‥‥‥‥‥ 139
　　　11.3　VDT 作業時間と眼精疲労の回復に関する指標 ‥‥‥‥‥‥‥‥ 140
　　　　　11.3.1　VDT 作業時間の指標 ‥‥‥‥‥‥‥‥‥‥‥‥‥‥‥‥ 140
　　　　　11.3.2　回復処置に至る疲労の指標 ‥‥‥‥‥‥‥‥‥‥‥‥‥ 143
　　　　　11.3.3　疲労の回復効果 ‥‥‥‥‥‥‥‥‥‥‥‥‥‥‥‥‥‥ 143
　　　　　11.3.4　疲労回復の指標 ‥‥‥‥‥‥‥‥‥‥‥‥‥‥‥‥‥‥ 147
　　　　　11.3.5　眼精疲労の回復処置と回復効果の指標 ‥‥‥‥‥‥‥‥ 147
　　　11.4　眼精疲労の回復方式 ‥‥‥‥‥‥‥‥‥‥‥‥‥‥‥‥‥‥‥ 147
　　　　　参考文献 ‥‥‥‥‥‥‥‥‥‥‥‥‥‥‥‥‥‥‥‥‥‥‥‥‥ 149

第 12 章　ニューバージョンの知的労働形態の提案 ‥‥‥‥‥‥‥ 151
　　　　　参考文献 ‥‥‥‥‥‥‥‥‥‥‥‥‥‥‥‥‥‥‥‥‥‥‥‥‥ 153

第 13 章　心理物理学実験手法のまとめと今後の展開 ‥‥‥‥‥‥ 155
　　　13.1　心理物理学実験手法 ‥‥‥‥‥‥‥‥‥‥‥‥‥‥‥‥‥‥‥ 155
　　　　　13.1.1　実験手法 ‥‥‥‥‥‥‥‥‥‥‥‥‥‥‥‥‥‥‥‥‥ 155
　　　　　13.1.2　条件設定と測定データ ‥‥‥‥‥‥‥‥‥‥‥‥‥‥‥ 156
　　　13.2　今後の展開 ‥‥‥‥‥‥‥‥‥‥‥‥‥‥‥‥‥‥‥‥‥‥‥ 158
　　　　　参考文献 ‥‥‥‥‥‥‥‥‥‥‥‥‥‥‥‥‥‥‥‥‥‥‥‥‥ 159

付　　録 ‥‥‥‥‥‥‥‥‥‥‥‥‥‥‥‥‥‥‥‥‥‥‥‥‥‥‥‥‥ 161
　　　付録 1　F-分布表 ‥‥‥‥‥‥‥‥‥‥‥‥‥‥‥‥‥‥‥‥‥‥ 163
　　　付録 2　t-分布表 ‥‥‥‥‥‥‥‥‥‥‥‥‥‥‥‥‥‥‥‥‥‥ 164
　　　付録 3　眼精疲労の評価(負荷)実験に関する質問表 ‥‥‥‥‥‥‥‥ 165
　　　付録 4　眼精疲労の回復実験に関する質問表 ‥‥‥‥‥‥‥‥‥‥‥ 166
　　　　　人名索引 ‥‥‥‥‥‥‥‥‥‥‥‥‥‥‥‥‥‥‥‥‥‥‥‥‥ 169
　　　　　事項索引 ‥‥‥‥‥‥‥‥‥‥‥‥‥‥‥‥‥‥‥‥‥‥‥‥‥ 169

第 1 章
心理物理学とは

1.1 心理物理学の定義

「心理物理学(Psychophysics)」は単に聞き慣れないというだけでなく，学問領域を表わす言葉としても初めて耳にされる方が圧倒的に多いので，いくら内容を説明してもなかなか理解が得られません．

心理物理学の命題は，「人間の心理と機能を科学技術にどのように活用していくか」ということです．この命題を的確に説明するための材料として，独自の実験手法や新規に開発した実験装置，および統計学を駆使したデータ解析などを示しながら，詳細に解説していこうと思います．

心理物理学が心理学と物理学の学際領域だと頭の中で理解できても，両者はまったく正反対の学問分野に属するので，相関を保持するのが容易でないことはおわかりいただけると思います．しかし，人間の心理現象を科学的に解析する心理学と，解析結果を数量的に表現する物理学との 1 対 1 の相関が保たれなければ，学際領域としての心理物理学が構築できません．心理物理学では，図 1.1 に示

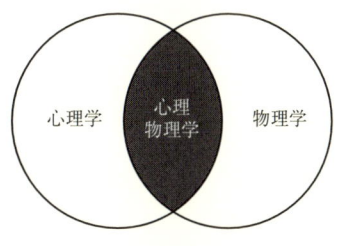

図1.1 心理物理学の定義

すように

$$[心理物理学] = [心理学] \cap [物理学]$$

と定義することで，人間が介在する実験データの数量化が求められています．

　心理学は，「目に見える行動」と，そこから推測される「こころの動き」を解析する科学で，基礎心理学と応用心理学とから成り立ちます[1-4]．基礎心理学は，心理学における一般法則を研究対象とし[1-5], [1-6]，応用心理学は，基礎心理学で得られた法則や知識を実際に役立てる実用面での研究が対象です[1-7], [1-8]．科学としての心理学の構成内容を一覧にして，図 1.2 に示します．

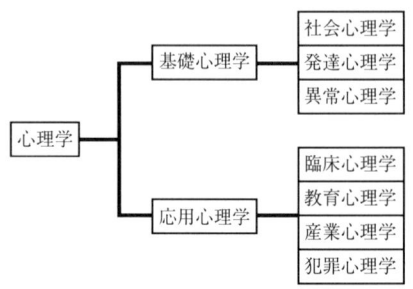

図1.2　心理学一覧

　一方，物理学は，実験や観察によって自然界の現象を探求する学問であり，得られた結果に数学的手法を適用して解析します．

　研究・開発の分野では，心理学と物理学の積集合で表現される心理物理学を深さ方向に掘り下げることによって，新規性と独創性から構成される平面的なアイディアに，社会的有用性という重みづけがなされます．また，得られた心理現象は，物理的な「ものさし」を用いて数量化することにより，科学技術に応用されます．

　例えば，心理物理学の「ものつくり」への関わりを製品化から消費まで工程別に見ると，独創的で社会的有用性のある「新しいアイディア」を生み出すのも人間なら，そのアイディアの製品化を「企画・立案」して，「社会的有用性のある高級品」を創製するのも人間です．創製された高級品を「消費」するのも，また，人間です．つまり，アイディア → 企画・立案 → 創製 → 消費に至る一連のサイ

クルの中で，人間が介在しない部分は一箇所もありません．「ものつくり」と同様に考えれば，人間の心理や機能，あるいは生活環境などが関係する工学から医学までの，あらゆる学際領域の研究・開発に適用できることがご理解いただけると思います．

生活用品，玩具，電子楽器，色彩や照明，アロマテラピーやミュージックテラピー，健康器具，福祉機器，情報通信，産業用ロボットなど，実用例を数え上げたらきりがないので，もっと広範囲に詳しく検討したいとお考えの諸氏のために，著者が執筆したその分野の3冊の書籍([1-1], [1-2], [1-3])を紹介します．詳細は，そちらを参照してください．また，例示したものについては，心理物理学的なファクタの適用を知っていただくために，表1.1に簡単にまとめました．

表1.1 心理物理学の適用例

具体例	心理物理学的ファクタの適用
生活用品	衣服(着やすさ，色柄，デザイン)，日用雑貨(使いやすさ)，家具(使いやすさ，色調とデザイン)
玩具	乳幼児や児童の成長過程における心身の健全な発達に直接関わるので，子どもの心理や生理を含めた心身の発達に多大な影響を及ぼします．
電子楽器	フーリエ級数に基づく音色，デザイン，使いやすさ
色彩	暖色系，寒色系，刺激色など人間の心理や生理へ多大な影響を及ぼす．色差に影響を及ぼす第4のファクタとして，色相・彩度・明度以外に光沢を忘れてはいけません．
照明	国際照明委員会(CIE：Commission internationale de l'Eclairage)で規定した標準光源にはA光源(2856K)，D_{65}光源(6504K)，C光源(6774K)などがあり，照明光源によって物体の透過光や反射光に色差が見られます．
アロマテラピー	心理的抑圧感が原因するうつ病や心身症の治療に，心身を穏やかにさせる植物性香料が使われます．官能基としての心地よさも，それぞれの国の文化の違いが影響するので注意を要します．
ミュージックテラピー	ヨーロッパの人々は，モーツアルトのメロディーをうつ病や心身症の治療に使います．しかし，日本人の場合は三味線・太鼓・尺八のような単純な低周波音を好むので，モーツアルトのメロディーをそのまま使っても治療効果があるとは限りません．つまり，音楽も，それぞれの国の文化の違いが治療効果に影響を及ぼすので，詳細な検討が必要です．
福祉機器	障害の程度と支援機器との機能におけるマッチングが重要視されます．例えば，義手・義足，車いす，人工視覚，人工聴覚など．
情報通信	BS (broadcasting satellite) 放送，CS (communication satellite) 放送，ユビキタスネットワークなどにおける通信速度，および情報の品質と加工性．
産業用ロボット	加工性，human-machine interface．五感(視覚・聴覚・触覚・嗅覚・味覚)の機能は，情報をキャッチするロボットのセンサ部に応用します．中枢神経系による情報の伝達部をPC (peripheral component interconnect) バスが担当し，頭脳による情報処理と命令をコンピュータが担当します．

1.2 心理物理学の歴史

　実験心理学が最初に科学の仲間入りを果たしたのは，ドイツのライプチヒ大学でヴント(Wundt, 1832～1920)が心理学実験室を創設した1879年です．すでに，ウェーバーとフェヒナー(2.1.2を参照)によって実験心理物理学における数量化が図られていたので，その数量化公式とヴントが創設した心理学実験室を利用して，感覚と知覚に関する様々な数量化実験が多方面で重ねられました．その結果，今日の心理物理学の基礎が確立されたといっても過言ではありません．

　やがて，社会情勢の複雑化と共に，刺激対象も次第に複雑になってきて，これまでの単純な感覚と知覚による数量化実験では対応がとれなくなってきました．その刺激対象の複雑さに対応するべく，新たに刺激対象の理解力を調べる認知実験としてカテゴリ尺度を用いた評価法(理論については，9.2 カテゴリ評価の尺度とものさし および 9.3 評価尺度に対するカテゴリ表現 を参照し，応用面は 11.2 VDT作業における眼精疲労の回復 を参照してください)が提案され，一般に広く行き渡るようになりました．

　「知覚」と「認知」は，一般的にはあまり厳密な区別をもたないまま，何となく漠然と使い分けられている感があるので，知覚と認知の違いを明確にしておきたいと思います．まず，「知覚」は，知識の関与なく刺激対象を統一的に理解する能力であり，「認知」は，脳に記憶されている知識の関与によって刺激対象のもつ意味を概念的に理解する能力です．つまり，脳に記憶された知識の関与が知覚と認知の分岐点と言えます．

　ISO*(International Organization for Standardization：国際標準化機構)5492では，心理物理学を「刺激と，刺激と感覚反応との間の関係を調べる研究(study of relationships between stimuli and the corresponding sensory responses)」と定義しています．すなわち，心理物理学実験は，心理現象を科学的に解明する実験手法の1つですから，特性抽出のために，実験対象の把握，および実験条件や実

---

* ISOは，1926年にニューヨーク(U.S.A.)で設立されて第2次世界大戦中に機能を停止したISA(International Federation of The National Standardizing Association：万国規格統一協会)の後を受け継いで，1947年にロンドン(英国)で設立された規格統一のための国際機関です．

験環境の設定などに限りない緻密さが要求されます．

　心理物理学における実験手法を認知脳科学から心の問題まで幅広く応用して，さらに奥深く追求できたら，高度な学習能力と情動を併せもった自立型ヒューマノイドの誕生も夢ではないと思います．また，第2次世界大戦後，我が国は福利・厚生を切り捨て，経済復興・発展を最重要課題としてきた関係もあって，人間が本来もっているはずの「やさしさ」や「おもいやり」などに欠ける人間が多数世の中に送り出されてきました．道徳から倫理学まで，人格形成にかかる情操教育がなおざりにされてきた結果，人間関係で苦しむ人々が小学生のような低年齢層から社会人，あるいは高齢者まで広範囲に見られ，社会問題化しています．人間関係で苦しむ人々がさわやかな人間性を回復するために，我が研究の究極の目的である「マインドコントロールによる蝕まれた心の健全化」が重要な役割を担うものと考えます．

　上記のように心理物理学実験の基礎から広範囲な応用までを念頭において，五感(視覚・聴覚・触覚・嗅覚・味覚)の中から最も馴染み深い視覚を論述の対象として選択しました．そして，足掛け30年にわたる研究成果の中から視覚心理物理学に関する論文と特許をすべて拾い出して，実験手法からデータ解析までを実例に基づいてわかりやすく解説します．

参考文献

[1-1] 村岡哲也編著：画像情報処理システム，—モノクロ編—，pp.1〜247, 朔北社，1999.
[1-2] 村岡哲也編著：画像情報処理システム，—カラー編—，pp.1〜275, 朔北社，2001.
[1-3] 村岡哲也：ものつくり革命，—ひらめきと製品化—，pp.1〜136, 技報堂出版，2004.
[1-4] 矢田部達郎：心理学初歩，pp.1〜10, 培風館，1962.
[1-5] 大山正，詫摩武俊編：心理学通論，pp.22〜201, pp.217〜233, 新曜社，1976.
[1-6] 上武正二：発達心理学総説，pp.5〜27, 金子書房，1974.
[1-7] 大山正，詫摩武俊編：心理学通論，pp.202〜216, pp.234〜244, 新曜社，1976.
[1-8] 氏原寛：心理臨床の実際，続・カウンセラーを志す人のために，pp.111〜141, 創元社，1980.

第 2 章
精神物理学

2.1 測定対象

心理物理学の根幹をなす精神物理学は,「主観的等価点(PSE：point of subjective equality)」,「弁別いき(DL：difference limen or difference threshold)」,および「刺激いき(ST：stimulus threshold)」を測定対象としています[2-1]. 本章では,この3項目の測定対象と測定方法について詳細に説明します.

2.1.1 主観的等価点

精神物理学実験では,まず,標準刺激に対して比較刺激が等しく知覚される「主観的等価点」を求めます. 既知の標準刺激(standard stimulus)を固定して,比較刺激(comparison stimulus)を変化させながら提示していき,標準刺激と等価になったと感じた比較刺激を被験者に答えさせます. そのとき,被験者が等価と回答した比較刺激が主観的等価点です[2-2].

例えば,実験で主観的等価点を4〜5点求める場合,2系列の実験方法があります. ①既知の標準刺激が増加する方向に実験を進めていく上昇系列実験と,②既知の標準刺激が減少する方向に実験を進めていく下降系列実験です. 上・下方向のどちらの系列の実験も,何回か測定を重ねているうちに,学習効果によって測定データに偏りが見られるようになってきます. どちらかと言えば,徐々に負荷が増大してくる上昇系列実験の方が,下降系列実験より過去の学習の影響を受けやすいといえます[2-3]. この場合の,特定方向への測定データの偏りを恒常誤差(constant error)と呼んでいます.

主観的等価点の測定データが特定方向に偏ることを防止するために，実際には，上昇系列実験の測定データと下降系列実験の測定データをそれぞれ相加平均して得られた値を実験データとして使います[2-4], [2-5]．

2.1.2 弁別いき（閾）

精神物理学は，ウェーバー（Weber，1795〜1878）が「刺激の増加分であるいき値が，刺激量に比例する」という法則を発見（1834年）したことに始まります[2-6]．つまり，弁別いき（DL）としての刺激の増加量を ΔL，そのときの標準刺激量を L とすると，ウェーバーの法則は，式 (2.1) で与えられます[2-7], [2-8]．

$$\frac{\Delta L}{L}=K \text{（一定）} \qquad (2.1)$$

K をウェーバー比と呼び，ウェーバーが重量弁別実験の結果から提案したときのように，測定対象が単純であれば一定値に収束しますが，今日のように研究内容が複雑になってくると，逆に，式 (2.1) に該当する測定対象を見つけるほうが困難になってきます．

精神物理学実験では，主観的等価点の次に，刺激の増加量である弁別いき ΔL を求めます．その弁別いきも，主観的等価点と同様に恒常誤差の影響が見込まれるので，上昇系列と下降系列の 2 種類の実験をし，両者の相加平均を個々の実験データとするように心掛けてください．

フェヒナー（Fechner，1801〜1887）は，標準刺激量に対する感覚の大きさを関数で表現しようと試みたのですが，感覚の大きさを直接測定できずに失敗しました．その後，フェヒナーは，「弁別いきを単位とした感覚の増加量はすべて等しい」という仮説を立てて，ウェーバーの法則を参照しながら感覚における大小関係の弁別実験を行いました．得られた数々の測定データから感覚の増加量 ΔS と刺激の増加量 ΔL との間に，式 (2.2) に示すような比例関係を発見しました．後世の研究者たちは，フェヒナーが発見した式 (2.2) を精神物理学における基礎公式として位置づけました．

$$\Delta S = R \frac{\Delta L}{L} \qquad (2.2)$$

ここで，R：比例定数．

つぎに，感覚量 S と標準刺激量 L との関係を求めるために式 (2.2) を積分しました．その積分値が，式 (2.3) に示す「フェヒナーの法則（あるいは，ウェーバー・フェヒナーの法則）」(1860 年) です．

$$S = C \log L \quad \cdots\cdots\cdots\cdots\cdots\cdots\cdots\cdots\cdots\cdots\cdots\cdots \quad (2.3)$$

ここで，C：積分定数.

フェヒナーの一連の研究成果によって，精神物理学の礎が築かれたといっても過言ではありません．さらに，法則の発見後，「精神物理学を，身体と精神間の相互依存における関数関係の精密科学である」と定義したことで，それまで実施されてきた感覚の研究にとどまらず，知覚など刺激に関係するすべての実験心理学分野で数量化が見込まれるようになって，今日の発展の足掛かりとなりました[2-9], [2-10]．

2.1.3 刺激いき

刺激いき (ST) とは，感覚を生じる最低の刺激量のことで，絶対いき (absolute threshold) とも呼ばれます．つまり，光が見える最低の刺激量が光の刺激いきであり，音が聞こえる最低の刺激量が音の刺激いきです[2-6]．

例えば，光が「見えた」と「見えなかった」，あるいは音が「聞こえた」と「聞こえなかった」という反応の出現は，断続的で不連続に発生するものではなく，「見えた」と「聞こえた」は反応の出現が徐々に増加して，やがて 100 % 水準に達したときの知覚の結果です．

そうなると，はっきりしない刺激の出力に対して被験者が「見えた」とか「聞こえた」と回答するか，「見えなかった」とか「聞こえなかった」と回答するかで，結果が非常に曖昧になってきます．それを防止するために，1 サイクルの実験の中で提示する刺激の所々に空試験 (blank test) の刺激を挿入して，それに反応するか否かをチェックします．それでも曖昧さを完全に防止することは難しいので，得られた 1 サイクルの実験ごとに，光が「見えた」と「見えなかった」，あるいは音が「聞こえた」と「聞こえなかった」という反応の出現率 50 % の刺激値をもって，刺激いきとしています．

統計処理する測定データ数については，理想としては 100 人以上のデータが

望ましいのですが，少なくとも 50 人分ぐらいのデータは必要だと思います．

2.2 測定方法

既知の標準刺激と等価になる比較刺激を求める等価刺激の測定法には，調整法 (method of adjustment)，極限法 (method of limits)，恒常法 (constant method) の 3 種類があります．それぞれの特徴や測定手順，あるいは測定例などについて説明します．

2.2.1 調 整 法
(1) 特徴と測定手順
調整法は，被験者が自分の思い通りに比較刺激を調整するので，被験者の反応がそのまま比較刺激に伝達されるというメリットがあります．被験者が調整を止めて比較刺激の変化が止まったときが，既知の標準刺激量(物理量)に対して等価な測定データ(主観的等価点)です [2-11]．

被験者が自分の思い通りに納得いくまで比較刺激を調整するので，3 種類の測定法の中で最も恒常誤差の影響を受けやすく，「等価刺激の測定」には使えても，「弁別いきの測定」には不向きです．それゆえ，調整法の場合にのみ測定データの標準偏差(SD：standard deviation)を 0.6745 倍した確率誤差(PE：probable error)をもって弁別いきとしています．弁別いきとしての確率誤差を式 (2.4) に示します [2-5]．

$$PE = 0.6745\,SD \cdots\cdots\cdots\cdots\cdots\cdots\cdots\cdots\cdots\cdots (2.4)$$

なお，確率誤差とは，正規分布する測定データの平均値からの偏差が，これより大きいものと小さいものが 50 ％ずつ存在する状況を表現しています．

(2) 測定データの評価
測定データは，既知の標準刺激に対してプラス側かマイナス側のどちらかにずれている場合がほとんどです．多人数の測定データの相加平均から主観的等価点(感覚量)を求めるので，その方法を平均誤差法(method of average error)と呼んでいます．

主観的等価点の測定データに式 (2.4) を適用して弁別いきを間接的に算出するわけですが，そこで得られた弁別いきと，極限法などの実験から直接求めた弁別いきとは，内容が本質的に異なるので対応づけることはできません．評価の際には，両者を混同しないようにくれぐれも注意してください[2-5]．

2.2.2 極限法
(1) 特徴と測定手順
極限法は，絶対特性をもつ刺激値，等価刺激の差異，および等価刺激比率などの測定に使われます．比較刺激が段階的に1ステップずつ変化していくので，刺激間の差異が増加を示す上昇系列，あるいは減少を示す下降系列のいずれかの方向に配列し，被験者の注意は「刺激いき」が近づくにつれて極限に達するので，極小変化法 (method of minimal changes) と呼ばれます[2-6]．

なお，調整法では被験者が比較刺激を自分の思い通りに直接調整するのですが，極限法では，実験者が比較刺激を段階的に1ステップずつ変化させて，被験者が標準刺激と等価になったと感じた刺激を答えるので，被験者自身が比較刺激の提示に直接関与することは一切ありません．

(2) 測定データの評価
測定データは，比較刺激のカテゴリが段階的に1ステップずつ変化していく際に，境目となった上昇系列の実験結果と下降系列の実験結果の2種類が得られます．実験データ相互の偏りを相殺するために，両者の相加平均を使います．

2.2.3 恒常法
(1) 特徴と測定手順
恒常法は，刺激いきの測定に用いられ，刺激のステップは極限法ほど小刻みではなく，上昇系列や下降系列のように一方向に比較刺激を変化させたりしません．あらかじめ選定された数段階の比較刺激（通常は4〜7個程度）をランダムに提示し，標準刺激に対して「大きい」，あるいは「小さい」の判断を被験者に委ねます[2-6]．そのため，学習効果が防止できるというメリットとともに，調整法や極限法より測定に長時間を要するというデメリットも包含しています．

(2) 測定データの評価

4〜7段階程度の比較刺激をランダムに提示し，標準刺激に対して「大きい」，あるいは「小さい」の判断を100人ぐらいの被験者にさせて，比較刺激の出現確率 P を求めます．そのとき，標準刺激に対して比較刺激の出現確率 $P = 0.50$ の「刺激いき」が求まればそれでよいのですが，それが得られない場合は，比較刺激の出現確率 $P = 0.50$ の「刺激いき」を求める数学的な手続きが必要になってきます．

参考文献

[2-1] J. P. Guilford (秋重義治訳)：精神測定法，pp.27〜56，培風館，1976.
[2-2] 大山正：心理学研究法 2 (実験 I)，pp.39〜96，東京大学出版会，1980.
[2-3] 村岡哲也，川村幹也，上迫宏計：車載用 7 セグメント数字表示器の主観的明るさにおよぼす照射照度の影響，人間工学，24 (4)，pp.219〜226，1988.
[2-4] 田渕義彦，中村肇，松島公嗣：CRT ディスプレイの表示文字と外部反射映像の見え方の主観評価，照明学会誌，71 (2)，pp.131〜137，1987.
[2-5] 村岡哲也，川村幹也，上迫宏計：ポジタイプ液晶表示器の主観的コントラストにおよぼす照射照度の影響，人間工学，25 (2)，pp.129〜133，1989.
[2-6] 和田陽平，大山正，今井省吾：感覚・知覚心理学ハンドブック，pp.39〜54，誠信書房，1985
[2-7] 重松征史，菅野義之：視覚神経系の変換関数に基づく明度尺度，照明学会誌，40 (6)，pp.268〜272，1986.
[2-8] 池田光男：視覚の心理物理学，pp.112〜117，森北出版，1982.
[2-9] 御領謙：人間の情報処理，pp.9〜23，サイエンス社，1985.
[2-10] 田崎京二，大山正，樋渡涓二：視覚情報処理，pp.137〜138，朝倉書店，1986.
[2-11] 樋渡涓二，安田稔，大串健吾，斉藤秀昭：視聴覚情報概論，pp.29〜31，昭晃堂，1987.

第3章
視対象の注視

3.1 基本的な脳波

　網膜に映し出された情報は，中枢神経系を経由して脳に伝送されます．脳は，情報のもつ意味を知識によって認知した後，必要な情報であるか否かの判断をします．必要であれば記憶するし，必要なければ棄却します[3-1]．つまり，脳は情報の知覚・認知・判断・記憶を統合的に支配しているわけですから，当然，視対象の注視にも支配が及びます．以上の理由から，注視状況のチェックに脳波計を採用しました[3-2]．

　1セッション当りの視認性実験(明視性実験と可読性実験)は10分以内なので，被験者に蓄積疲労が存在しない限り，実験で疲労が検出されることはありません．実験中に検出される波形としては，緊張が弛緩した状況で出力するα波と，脳波ではありませんが瞬きによって出力する筋電位の変化などがあります．筋電位の場合は，疑似α波と疑似θ波も同時に大きく出力されます[3-3]．それらの一般的な出力例を図3.1に示します．

　つぎに，過剰な蓄積疲労から眠気を覚えると，θ波が出力します[3-4]．可読性実験中に1例だけ見られたθ波の出力を図3.2に示します．被験者の正読率がすべて100%であるにもかかわらず，本例の被験者に限り，正読率が44%まで低下しました．睡眠不足と過労で，本人の意思に関係なく身体が睡眠モードに陥って，なんとなく目だけがぼんやり開いているような異常な状況でなければ，θ波が検出されることはありません[3-3]．

第3章 視対象の注視

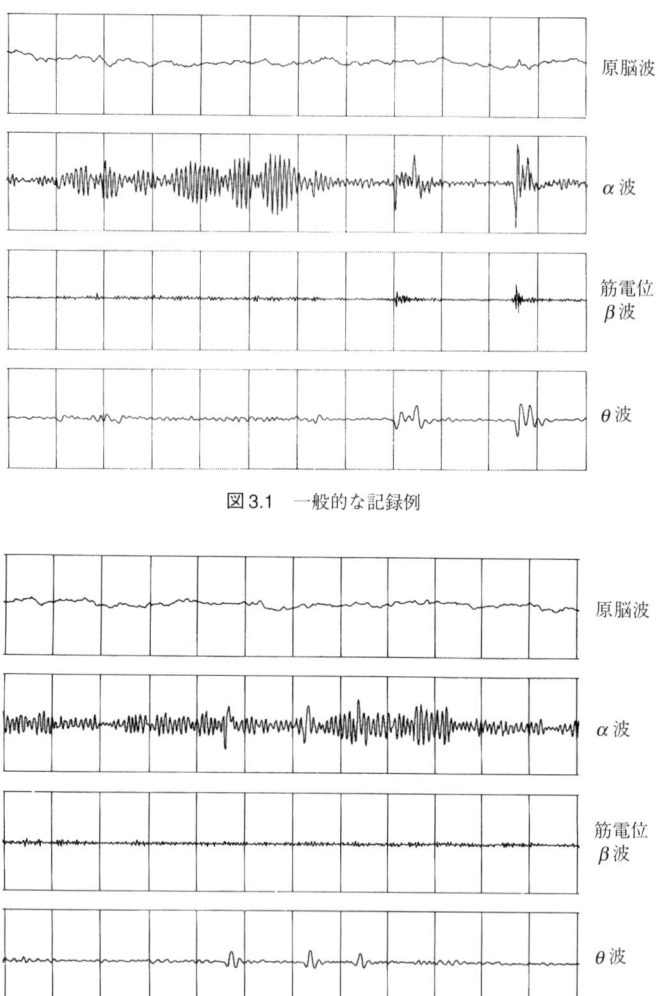

図3.1　一般的な記録例

図3.2　θ波の出現例

3.2 注視状態

図 3.1 の緊張感の見られない α 波の出力と,瞬きをして視対象を注視していない筋電位の出力,図 3.2 に見られる睡眠モードの θ 波などがモニタされた場合,その視認性実験データはすべて棄却し,図 3.3 に示すように特定波形がまったく出力されない状況で抽出された実験データだけを採択するようにしました[3-5].また,眼精疲労から視力の低下も懸念されるので,それも同時にチェックしました.

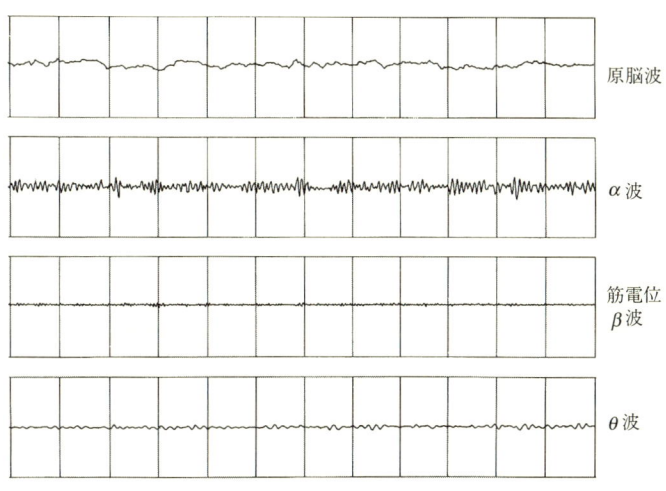

図3.3 注視状態の例

参考文献

[3-1] 稲永和豊:脳の機能的診断総論,BME (日本 ME 学会),1 (5),pp.379～382,1987.
[3-2] 橘芳實,渋谷敏昭:脳波・筋電位によるバイオフィードバックモニタの改良とその書痙治療への応用,島津評論,39 (2),pp.207～211,1982.
[3-3] 大友英一:脳波判読テキスト,pp.42～54,pp.312～315,文光堂 1980.
[3-4] 村岡哲也,川村幹也,上迫宏計:ディジタル液晶表示器の視認性,日本人間工学会第27回大会講演集,22,B-2-03,pp.130～131,1986.

[3-5] 川村幹也，上迫宏計，村岡哲也：液晶 7 セグメント数字表示器の視認性と脳波の影響に関する研究，井上円了学術振興基金研究報告書，pp.121〜132, 1988.

第 4 章
視認性

4.1 視認性の定義

　視対象を注視して，視対象がもつ形状をその通りに抽出する能力を明視性といい，明視性の良し悪しは知覚から決まってきます．視対象が知覚された後，脳内で学習や経験に基づく概念推進処理を行い，知覚された視対象がもつ意味を理解して読み取る能力を可読性と呼び，その良し悪しは認知から決まってきます．明視性と可読性の総称が視認性で，知覚されたり，認知された情報が必要であれば，知識として脳に長期記憶されます[4-1]．例えば，7セグメント数字発光表示器を視対象とした場合，セグメント輝度の抽出能力が明視性で，提示数字の読み取り能力が可読性に該当します．

4.2 心理物理学測定法

　精神物理学測定法では，心理的な判断を物理量で評価するので，そのとき得られた判断量を心理物理量と呼んでいます[4-2]．7セグメント数字発光表示器を視対象とした場合は，調整法，極限法，恒常法のいずれかを用いて，以下の3項目の心理物理量について測定します[4-3]．
　①主観的等価輝度：既知の標準刺激の輝度と等しく感じるように調整した比較刺激の輝度
　②輝度差弁別いき：標準刺激と比較刺激の輝度差が認識されない領域から認識されるまでの区間幅

③刺激いき（絶対いき）：正読率 50 ％の認知いき

ここで，明視性は①と②の結果より評価され，可読性は③の結果から得られます[4-1]．なお，情報を映し出す機能をもった水晶体や網膜を中心とした眼部を，脳の視覚センサとしました．その視覚センサは，比較器としての役目を果たしても，量的な把握は一切できません．

4.2.1 視認性の測定

ディジタル計測器に搭載されている表示器は，四季や昼夜に無関係で使用されるので，その妨害を超越した視認性が要求されます．例えば，数字表示器の場合，上位桁の数字を読み誤ると致命的な事故を招く恐れがあります．それを回避するための検討項目を下記に示します[4-4]．

①周囲照度の影響はどうか．
②背景の明るさの影響はどうか．
③提示時間によって認知いきがどのように変化するか．

(1) 測定方法

視対象は，緑色発光ダイオード表示器（G-LED：green light emitting diode）と蛍光表示管（VFT：vacuum fluorescent tube）です．両者の仕様を表 4.1 に示します．緑色発光ダイオード表示器と蛍光表示管を実用面から比較すると，緑色発光ダイオード表示器は軽量で破損しにくく，駆動回路や操作が簡単です．しかし，発光色が限定され，蛍光表示管ほど輝度の選択幅が広くないというデメリットがあります．蛍光表示管は輝度の選択と調整は容易ですが，フェイス・ガラスの表面反射が大きいために，反射損失を 0 に近づけるようなフィルタを装着して使用することが求められます．

表 4.1　表示器の種類と電気的定格

表示器	数字のサイズ [mm]	電気的定格	
緑色発光ダイオード表示器 (G-LED)	12.7(H) × 6.8(W)	セグメント電流 共通端子	10 mA/Seg. カソード
蛍光表示管(VFT)	12.5(H) × 7.0(W)	アノード電流 グリッド電流 フィラメント電圧	3.0mA/Dig. 8.0mA 1.5V

4.2 心理物理学測定法

輝度の選択幅は，蛍光表示管の方が緑色発光ダイオード表示器よりかなり広いので，図 4.1 に示すグレイ・フィルタを装着して，緑色発光ダイオード表示器と輝度がほぼ等しくなるように調整しました．また，2 種類の表示器は視距離を 1.0 m としたので，視角が 0.73° になりました〔視角の計算は，図 5.4 と式 (5.4) を参照〕．

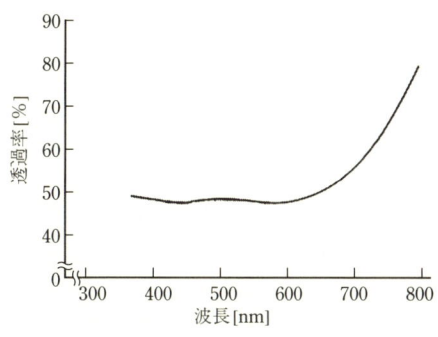

図 4.1　グレイ・フィルタの分光特性

①の実験では，複数個ある緑色発光ダイオード表示器と蛍光表示管の中から，同一型式で同一特性を示す表示器を 2 個ずつ選択して試料としました．図 4.2 に示すように暗箱〔480 mm(H) × 600 mm (W) × 300 mm(L)〕を中央で 2 つに区切って，一方に標準刺激を装着し，他方に比較刺激を装着します．標準刺激を装着した空間には，図のように 20 W の白熱電球を 3 個取り付けて，電球の位置と点灯個数の切り換えで表示面照度を変化させました．

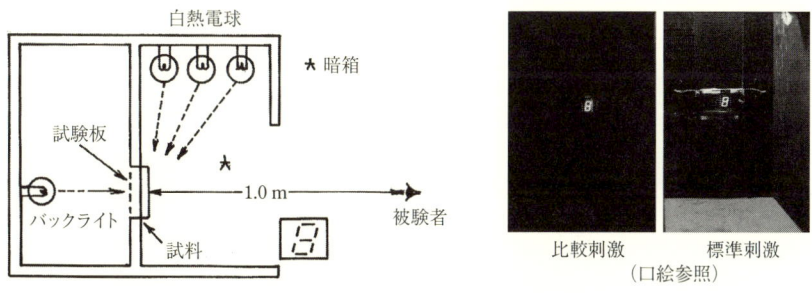

図 4.2　周囲照度の影響を調べる装置

5名の被験者は35分間暗順応した後[4-5], 標準刺激と同じ輝度に見えるように, 各照度ごとに比較刺激を調整させて主観的等価輝度を求めさせます. それを上昇系列と下降系列について, 交互に調整を5回ずつ繰り返させます. なお, 1つの試行の始めと終わりに暗視野における空試験を実施し, 得られた空試験値と各照度条件における主観的等価輝度との差を過小視輝度値とします[4-4].

②の実験は, 図4.3に示すように300×300 mm^{2}の拡散板を通して放射する電球の一様な輝度面の中央に標準刺激を装着します. 測定の手順は①と同様で, 背景輝度と表示面照度を変化させたときの標準刺激に対する主観的等価輝度を, 5名の被験者に調整させます[4-6].

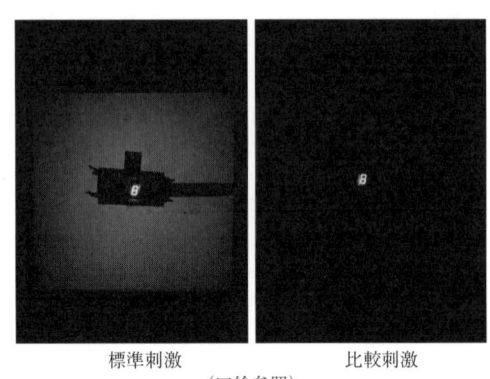

標準刺激　　　　　比較刺激
（口絵参照）

図4.3　背景の影響を調べる装置

③の実験は, 周囲照度を4〜132 lxまで変化させて, 可変のパルス発生器で10 μs〜50 msの単発パルスを表示器に加えて, それぞれのパルス幅で発光させます. そして, 数字（0〜9）をランダムに提示し, 5名の被験者に判読させた結果から, 正読率50 %の認知いきを求めます[4-6].

その他, 1個の表示器を様々な角度から多数の人々が見る場合があるので, 表示器を分度盤付き回転台に取り付け, 定格で点灯させて, 被験者と正対する位置を0°として, 表示器を左右に5°ずつ回転させながら視認方向角認知いきを求めました. 乱数（0〜9）をマイクロコンピュータから出力し, それにパルス発振器で単発パルスを加えて瞬時発光させて, 被験者に提示数字を判読させます. 測

定はパルス幅を変化させながら，数字(0 ～ 9)ごとに 20 回ずつ繰り返します．観測中は，被験者の視線が変化しないように顎を台にのせ，さらに額あてを併用して頭部を固定しました．

(2) 調整法による測定結果

①の周囲照度による影響を調べる実験では，100 lx 程度の照明で主観的等価輝度が半減しました(図 4.4 参照)．その減り方は，低照度では緑色発光ダイオード表示器の方が少なかったが，高照度になると蛍光表示管の方が 10 % 程度減り方が少なく，低照度とは逆現象を示しました．緑色発光ダイオード表示器に比べて蛍光表示管の等価輝度がほとんど低下しなかったのは，蛍光表示管に装着したフィルタの光束拡散効果のために，照射光束が緩和されたことによると考えられます[4-6]．

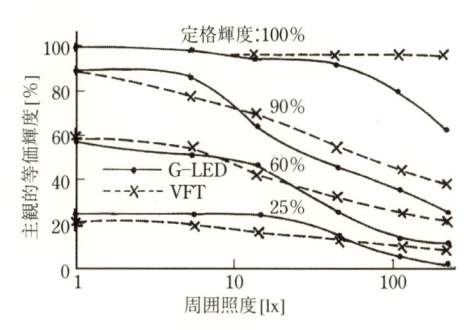

図 4.4 発光表示器の周囲照度による影響

②の実験では，発光セグメントの周囲が背景輝度と接することなく黒色の地で囲まれているために，蛍光表示管に比べて緑色発光ダイオード表示器の方が背景の明るさによる影響が少ないことがわかりました(図 4.5 参照)．しかし，背景輝度を上げると発光体の輝度も同様に上げなければ，網膜の周辺部の興奮による中心窩の抑制作用のために，徐々に提示数字が見づらくなってきます[4-6]．

③の提示時間による認知いきへの影響を調べる実験では，提示数字(0 ～ 9)の認知いきが 100 μs ～ 1 ms の間で急激に 7 % 近く低下することがわかりました(図 4.6 参照)．また，周囲照度を 4 ～ 132 lx まで変化させたことによって，曲線は正方向に 0.5 ms 平行移動すると共に，変化率は 2 倍増加し，提示時間と周

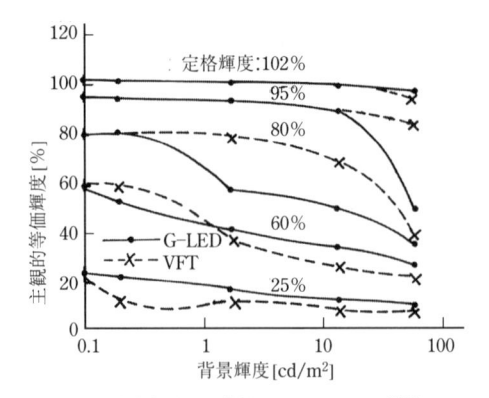

図4.5 発光表示器の背景の明るさによる影響

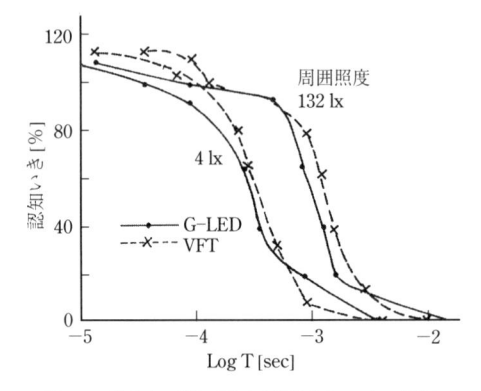

図4.6 発光表示器の提示時間と認知いきの関係

囲照度が認知いきに大きい影響を及ぼすことがわかりました[4-6].

4.2.2 視認方向角と認知いき

多数の人々が様々な角度から1個の表示器を見る場合を想定して，表示器別の視認方向角認知いきを表 4.2 に示します[4-7]．視認方向角が 0°～35°までは被験者全員に誤読がまったく見られず，逆に，70°になると全員判読不能になったので，それらの角度を除外して，誤読が見られる視認方向角について認知いきを測定しました．

表中の測定データを極座標グラフにプロットして，図 4.7 に示します．グラ

4.2 心理物理学測定法

表 4.2　視認方向角認知いきの変化

視認方向角 θ[°]	いき値 [μs] 緑色発光ダイオード表示器（G-LED）		蛍光表示管（VFT）	
	左方向	右方向	左方向	右方向
0	185	185	106	106
40	455	350	350	370
45	740	680	560	630
50	945	855	570	670
55	970	950	700	920
60	1 370	1 280	730	1 100
65	1 760	1 600	1 500	2 500

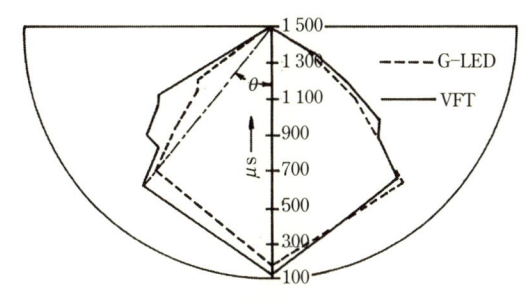

図 4.7　視認方向角と認知いきの関係

フから見て，蛍光表示管の方が緑色発光ダイオード表示器よりも面積がやや広いので，全体的な視認性は蛍光表示管の方がよいように見えますが，数字別（0～9）ではどの様な結果が得られるのか，さらなる検討を重ねました．

　緑色発光ダイオード表示器と蛍光表示管の数字別（0～9）の視認方向角認知いきを，極座標グラフにプロットして図 4.8 に示します．それぞれの図の左右対称性は，蛍光表示管に比べて緑色発光ダイオード表示器の方が良好ですが，視認方向角認知いきが示す面積では逆の結果が得られました[4-7]．また，緑色発光ダイオード表示器はどの提示数字もほぼ左右対称ですが，蛍光表示管の場合は対称性と面積から判断して，4が最良で7，1，2，6，5，3，8，0，9と徐々に悪化していきます．その理由として，蛍光表示管の発光輝度が緑色発光ダイオード表示器より高いうえに，放射光が蛍光表示管のフェイスガラスを透過して大きく散乱することがあげられます．それを防止するためにグリーン・フィルタを装着して使用していますが，それでも，まだかなりグレアが残存している様子が見られます．

24　　　　　　　　　　　第4章　視　認　性

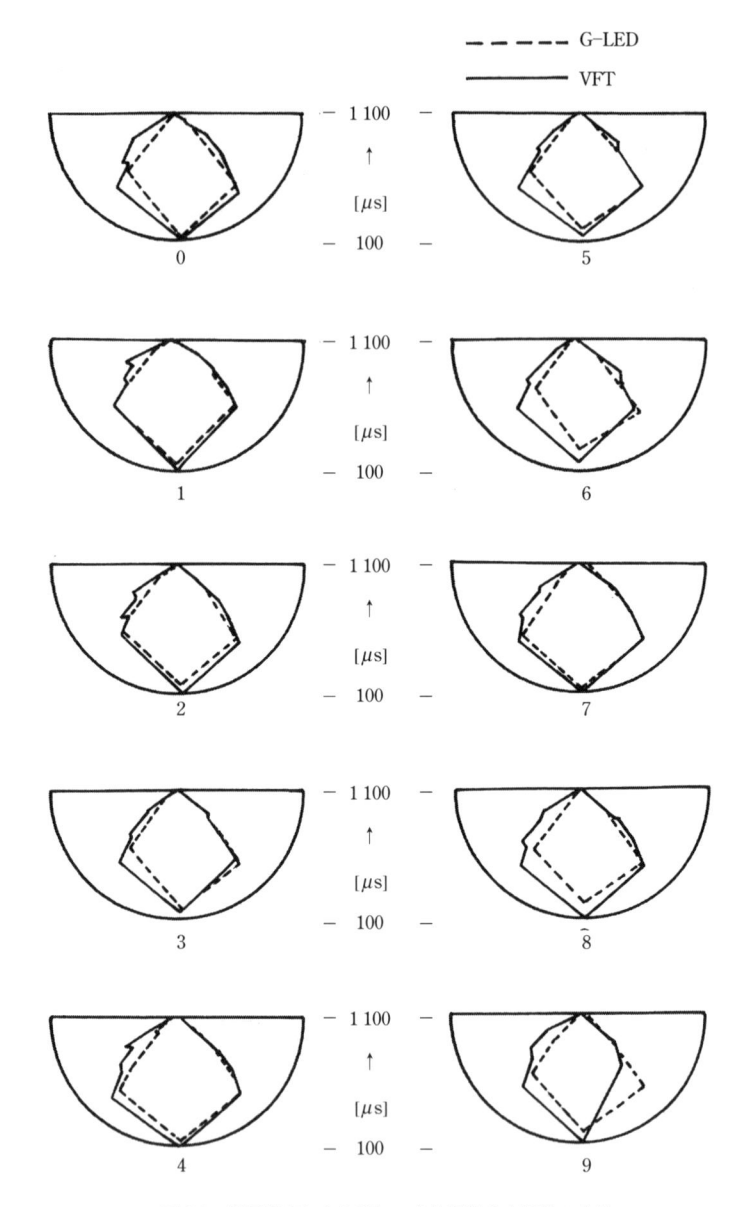

図 4.8　提示数字による認知いきと視認方向特性の比較

参考文献

[4-1] 樋渡涓二：文字・単語のディスプレイに対する知覚と認知，人間工学会誌，22 (5)，pp.269～276，1986．

[4-2] 池田紘一：視覚に関する心理物理的測定と心理的測定，照明学会誌，65 (12)，pp.615～622，1981．

[4-3] 和田陽平，大山正，今井省吾：感覚・知覚視覚心理学ハンドブック，pp.39～54，誠信書房，1985．

[4-4] H. Uesako, T. Muraoka, M. Kawamura : Visual characteristics of negative-type seven-segment liquid crystal numerical display devices, Medical Informatics, 10 (1), pp.73～76, 1985.

[4-5] 小堀富次雄：照明システム (基礎と応用)，pp.15～19，東海大学出版会，1977．

[4-6] M. Kawamura, H. Uesako, T. Muraoka : Visual Examination on Numerical Display Devices with Light Emitting 7 Seguments, 8th Canadian Medical & Biological Engineering Conference, pp.82～83, 1980.

[4-7] 川村幹也，上迫宏計，村岡哲也：7セグメント発光表示装置の視認性について，電気学会計測研究会資料，IM-81-22，pp.21～30，1981．

第5章
明 視 性

5.1 発光表示器の明視性

　明視性(visibility)は，視対象がもっている形状をその通りに知覚して抽出する能力です．高照度になって外乱光の表示面への映り込みが増加すると，発光表示器の客観的輝度は同じでも目から送られてくる情報を知覚する主観的輝度が徐々に低下します[5-1], [5-2]．さらに高照度になると，それに反射グレアの影響が加わり，いっそう明視性の低下が懸念されます[5-3]．

　そこで，同一型式で同一光学特性を有する緑色発光ダイオード表示器と蛍光表示管の一方を標準刺激，他方を比較刺激として，外乱光が映り込んだ標準刺激の提示数字(0～9)と見やすさが一致するように，比較刺激を被験者に調整させて主観的等価輝度を求めます．主観的等価輝度から輝度差弁別いきを算出して，明視性を低下させる外乱光を想定した照射照度の表示面への映り込みの影響について検討します．さらに，反射グレアが生じるような高照度での使用についても同様です．ちなみに，データ処理は「第9章 心理物理学，9.4 統計手法の導入」を参照してください．

　液晶表示器は一般に非発光ですが，ネガタイプ液晶表示器(negative type liquid crystal display device)の場合は，バックライトの放射光が提示数字のセグメントを透過して見えるので，被験者には，あたかもセグメントが発光しているかのような視認印象を与えます．そこで，ネガタイプ液晶表示器も，緑色発光ダイオード表示器や蛍光表示管と同様に扱って試料として，主観的等価輝度を求めた後，それから輝度差弁別いきを算出しました[5-4]．

5.2 輝度測定

5.2.1 測定方法

ネガタイプ液晶表示器を加えた 3 種類の発光表示器の提示数字のサイズと電気的定格を表 5.1 に示します．緑色発光ダイオード表示器の発光スペクトルのピーク波長は，発光材料である GaP に添加する窒素量に依存して，波長が 560 ～ 568 nm まで変化し，ZnO-Zn 蛍光体を材料とした蛍光表示管は 500 nm を示します[5-5], [5-6]．また，ネガタイプ液晶表示器の場合は，バックライト（白熱電球：100 W × 5）の複雑なスペクトル分布がそのままセグメントを透過するので，表示器とバックライトの間に拡散板を挿入して，可視光の透過特性を一定にしました[5-7]．

表 5.1 表示器の種類と電気的定格

表示器	数字のサイズ [mm]	電気的定格	
緑色発光ダイオード表示器 (G-LED)	12.7(H) × 6.8(W)	セグメント電流 共通端子	10 mA/Seg. カソード
蛍光表示管 (VFT)	12.5(H) × 7.0(W)	アノード電流 グリッド電流 フィラメント電圧	3.0 mA/Dig. 8.0 mA 1.5 V
ネガタイプ液晶表示器 (N-LCD)	17.8(H) × 8.9(W)	動作電圧 動作周波数 消費電流	5 Vrms 32 Hz 10 μA

スペクトル分布の異なる 3 種類の表示器の視感覚における発光色を等しくするために，ピーク波長が 516 nm のグリーン・フィルタ（図 5.1 参照）を装着しました．そのときの 3 種類の表示器のスペクトル分布を図 5.2 に示します．

緑色発光ダイオード表示器のピーク波長が 540 nm，蛍光表示管とネガタイプ液晶表示器のピーク波長が 514 nm をそれぞれ示し，両者間に 26 nm の差が見られました．しかし，目視では，3 者に色差がまったく感じられず等色に見えたので，主観評価実験ということもあり，そのまま試料としました[5-8], [5-9]．

つぎに，市販の輝度計を用いて，7 セグメントの平均輝度を表示器別に測定しました．なお，提示数字は 8 で，各表示器のセグメント輝度の調整は，緑色発光ダイオード表示器がセグメント電流，蛍光表示管がアノード・グリッド電流，

5.2 輝度測定

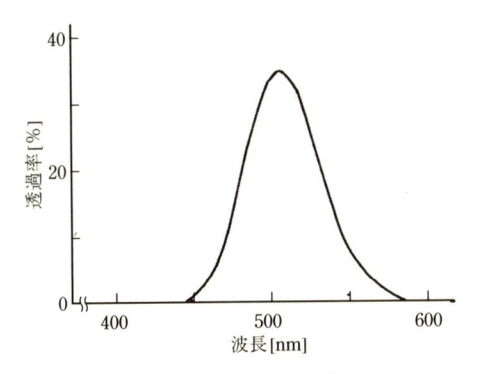

図 5.1 グリーン・フィルタの分光特性

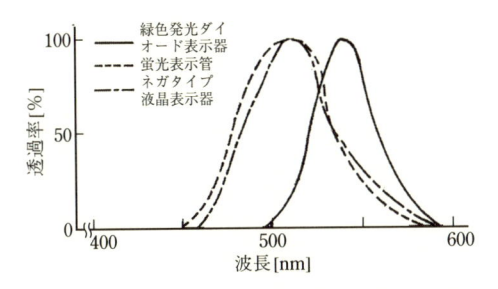

図 5.2 フィルタを装着したときの表示器の分光特性

ネガタイプ液晶表示器がバックライト電圧をそれぞれ変化させて行いました．ネガタイプ液晶表示器の透過性をよくするためにバックライトに白熱電球を使ったので，電圧を変化させると発光スペクトルがシフトして色変化を生じる懸念があります．そのことを確かめるために，60～100 V の電圧変化域における色変化を調べた結果，拡散板とグリーン・フィルタを透過した後のスペクトル分布は，最大 20 nm シフトしたが，主観的には色差弁別いきの範囲内であることがわかりました．

5.2.2 輝度検量線

主観的等価輝度の測定のために，各表示器の調整電流あるいは調整電圧と輝度との関係を図 5.3 に示します．

図5.3 表示器の検量線

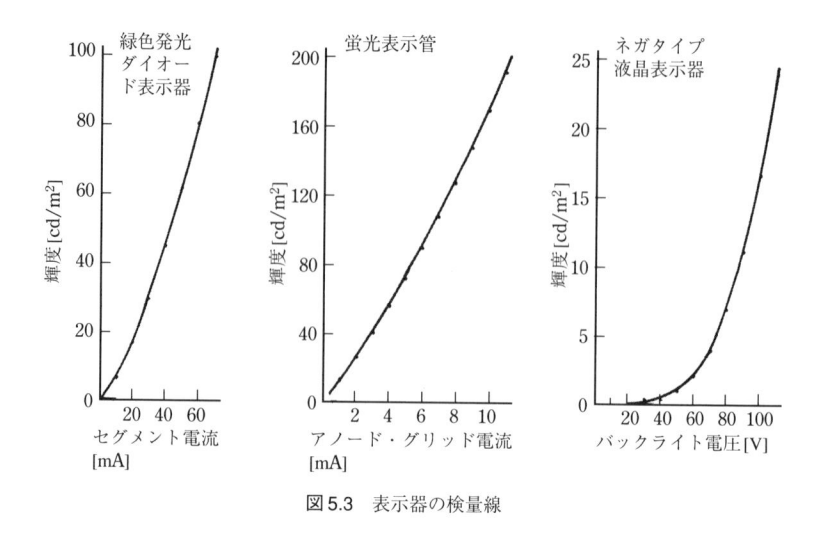

表示器の調整電流値や調整電圧値が自動的に輝度値に変換されるように，図 5.3 の測定データに最小 2 乗法(method of least squares)を適用して，標準誤差が最小となる関数に回帰しました．それぞれの表示器の測定データ X からセグメントの平均測定輝度 Y [cd/m^2] への変換は式 (5.1)〜(5.3) で与えられます[5-10]．

緑色発光ダイオード表示器の場合

$$Y = -7.991 \times 10^{-5} X^3 + 1.911 \times 10^{-2} X^2 + 4.724 \times 10^{-1} X \quad \cdots \quad (5.1)$$

ここで，X はセグメント電流 [mA] を表す．

蛍光表示管の場合

$$Y = -5.112 \times 10^{-1} X^2 + 11.6884 X \quad \cdots\cdots\cdots\cdots\cdots\cdots\cdots \quad (5.2)$$

ここで，X はアノード・グリッド電流 [mA] を表す．

ネガタイプ液晶表示器の場合

$$Y = 3.664 \times 10^{-5} X^3 - 2.527 \times 10^{-3} X^2 + 5.460 \times 10^{-2} X \quad \cdots\cdots \quad (5.3)$$

ここで，X はバックライト電圧 [V] を表す．

式 (5.1)〜(5.3) に示す 3 種類の表示器の定格輝度を比較すると，ネガタイプ液

晶表示器の 16.6 cd/m^2 に対して，緑色発光ダイオード表示器は 6 倍の輝度，蛍光表示管は 11.5 倍の輝度をそれぞれ示したので，標準刺激の輝度は最小のネガタイプ液晶表示器に合わせることにしました．なお，式 (5.1)〜(5.3) を用いて，比較刺激の調整電流値や調整電圧値を自動的に輝度に変換できるようにしました．

5.3 主観的明るさの測定

5.3.1 視角と視距離

東洋人の視野は，ほぼ左右方向に 100°，上下方向に 50°〜70°の広がりをもっています．その上，網膜における視細胞分布が不均一なので，眼球を動かさなければ，像が鮮明に見えるのは注視点を囲む 1°ぐらいしかありません[5-3], [5-11]．そのことから，実験に使用する 7 セグメント数字発光表示器の視角の大きさを 1.0°としました．

図 5.4 の視距離 D[m] に対する視角 θ°と表示器の提示数字の高さ l[m] の関係は，式 (5.4) で与えられます．

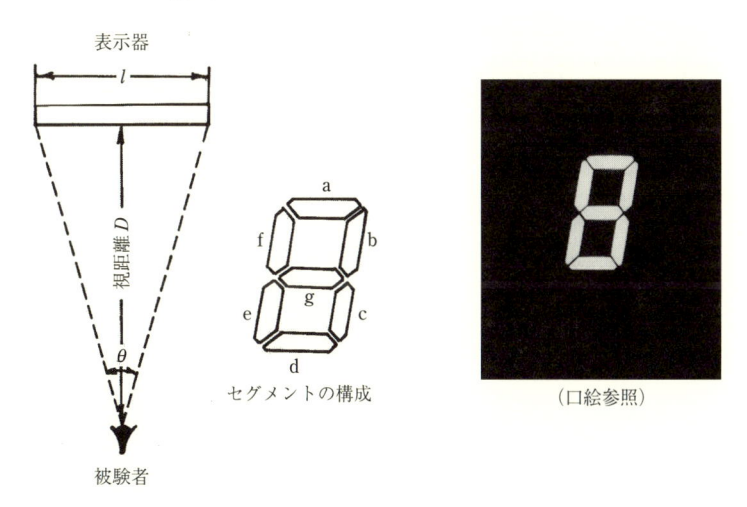

$$D = \frac{l}{2\tan(\theta/2)} \quad \cdots\cdots\cdots\cdots\cdots\cdots\cdots\cdots\cdots\cdots\cdots\cdots (5.4)$$

図5.4 表示器のセグメント構成と視角計算モデル

式 (5.4) を用いて，視角 $\theta = 1.0°$ における緑色発光ダイオード表示器，蛍光表示管，ネガタイプ液晶表示器の視距離を算出すると，それぞれ 0.73 m, 0.72 m, 1.02 m となりました．

5.3.2 測定方法と結果

同一型式で同一光学特性をもつ表示器を 2 個ずつ選択し，一方を標準刺激，他方を比較刺激として図 5.5 に示す暗箱中に装着します．標準刺激の表示面には，水平面上 45°の角度から色温度 3 300 K のハロゲンランプ(図 5.6 参照)を装着したスライドプロジェクタを光源として，30 lx, 100 lx, 300 lx, 1 000 lx, 3 000 lx, 10 000 lx の 6 水準の光を照射します．照射光は色温度が変化しないように，光路上に挿入した白色アクリル板の透過率と枚数で調整しました．白色ア

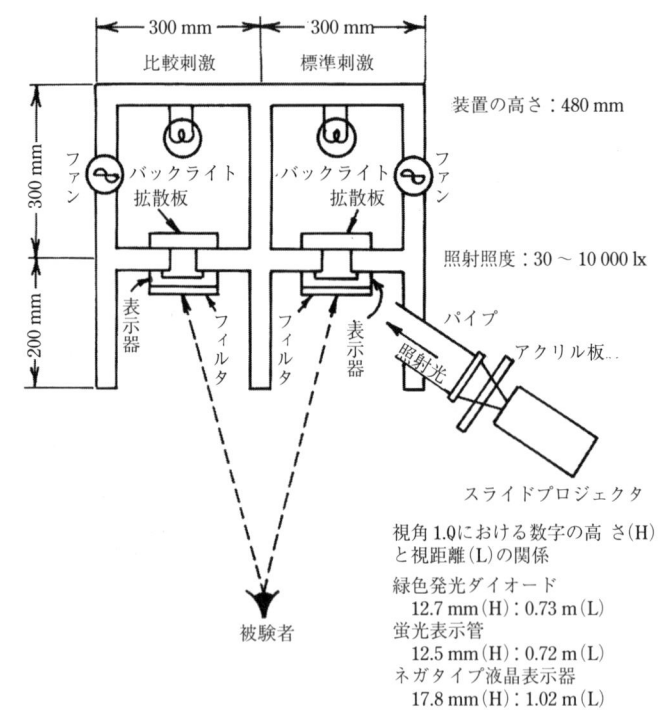

図 5.5 測定装置

5.3 主観的明るさの測定

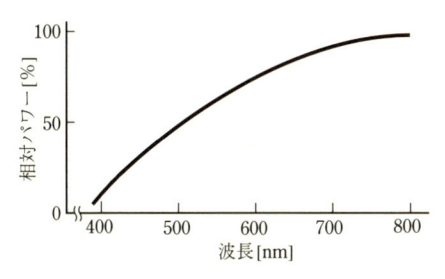

図5.6 ハロゲンランプの分光特性

クリル板は分光特性がフラットで，透過率が 30，45，60，80，90 %の 5 種類を使用しました．なお，10 000 lx の高照度まで扱うために，標準刺激の加熱によるセグメントの色変化が懸念されたので，予備実験で確認した結果，温度上昇は 3 ℃以内で，加熱によるセグメントの色変化は色差弁別いきに納まり，懸念された問題は回避されました．

両眼視力が 1.0 以上で，左右の視力差が 0.3 以内の 19 〜 20 歳の学生の中で，体調が良好で，疲労感がない 5 名を被験者に選びました．被験者を暗室で 35 分間順応させた後[5-3]，視角 1.0°一定のもとに，まず照射照度が 0 lx の標準刺激に対して，標準刺激より高輝度側と低輝度側からそれぞれ比較刺激を被験者に調整させて明るさが一致する点，すなわち空試験値を求めます[5-12]．そして，ほぼ両者の明るさが一致することを提示数字(0 〜 9)について確認した後，外乱光を想定した照射照度の映り込みが提示数字に及ぼす影響について測定結果から検討しました．測定時の比較刺激の調整は，緑色発光ダイオード表示器がセグメント電流，蛍光表示管がアノード・グリッド電流，ネガタイプ液晶表示器がバックライト電圧をそれぞれ変化させて行いました．それぞれの照射照度ごとの測定を 1 セッションとして，その所用時間は，ほぼ 10 分でした．なお，観測中は被験者の視線が変化しないように，顎を台にのせ，さらに額あてを併用して頭部を固定しました．

外乱光を想定した照射照度の映り込みが明視性に及ぼす影響を調べるために，提示数字をパラメータとして，3 種類の表示器の主観的等価輝度を測定した結果を図 5.7 に示します．

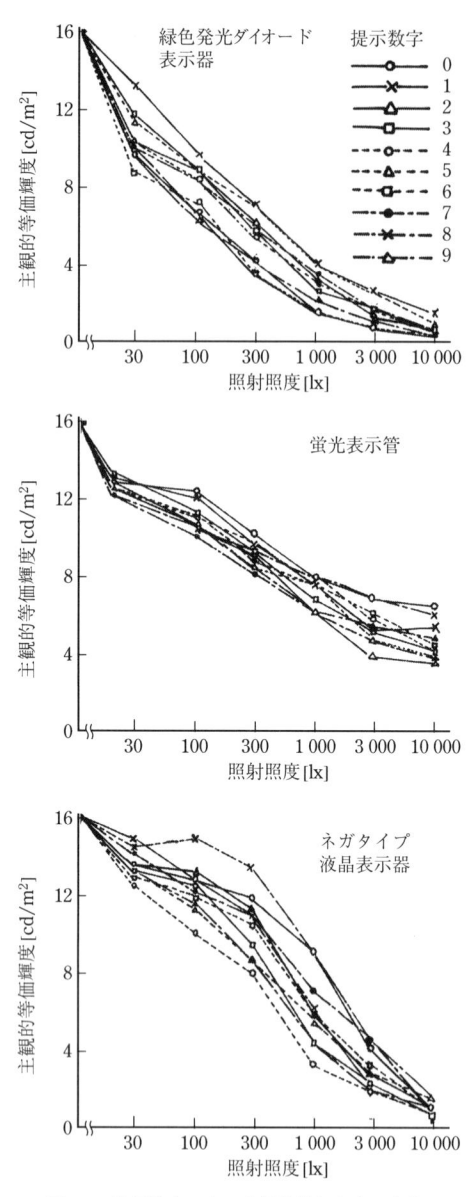

図 5.7 提示数字による主観的等価輝度の変化

5.3.3 要因分析

7セグメント数字発光表示器の提示数字(0～9)は，発光原理の違いから，主観的等価輝度に有意差が生じることが予想されます．さらに，提示数字の形状や表示面に入射する外乱光を想定した照射照度の映り込みによっても明視性に影響がでてくると思われるので，表示器の種類，提示数字，および照射照度を変動因子として，図5.7の主観的等価輝度に3元配置分散分析(analysis of variance in three-way classifications)を施しました．その結果を表 5.2 に示します[5-13]．

変動因子(表示器の種類，提示数字，照射照度)，および表示器の種類と提示数字や照射照度などの交互作用に危険率1％で，それぞれ大きい有意差が見られました(付録1参照)．その原因として，表示器の種類(発光原理)や提示数字(0～9)の形状などの違い，あるいは，外乱光の表示面への映り込みなどが考えられるので，有意差が見られた変動因子については，個々に検討を加えていきたいと考えています．

表 5.2 主観的等価輝度に対する3元配置分散分析の結果

変動因	自由度	平方和	平均平方	F 比
表示器 (A)	2	6 900.9	3 450.4	785.6**
提示数字(B)	9	1 158.0	128.7	29.3**
照射照度(C)	5	12 297.5	2 459.5	560.0**
A × B	18	1 886.2	104.8	23.9**
A × C	10	3 984.6	398.5	90.7**
B × C	45	144.0	3.2	0.7
A × B × C	90	394.7	4.4	1.0
測定誤差	1 620	7 144.8	4.39	
全 体	1 799	33 880.6		

5.3.4 主観的等価輝度に影響を及ぼす因子

(1) 表示器の種類

3種類の7セグメント数字発光表示器のうち，どの表示器が外乱光の映り込みによる影響が少ないかを検討するために，照射照度(外乱光を想定)に対する主観的等価輝度の平均値と95％信頼区間(CL：confidence limit or confidence interval)を求めて図 5.8 に示します．ここで，95％信頼区間 CL は，測定データの繰り返し数 n の自由度，t-分布表の危険率5％の値 $t_{0.05}$(付録2参照)，および標準

偏差 SD などを用いて，式 (5.5) から算出しました[5-10]．

$$CL = t_{0.05} \frac{SD}{n^{1/2}} \quad \cdots\cdots\cdots\cdots\cdots\cdots\cdots\cdots\cdots\cdots\cdots\cdots\cdots \quad (5.5)$$

外乱光が 300 lx 以下の低照度では，緑色発光ダイオード表示器とネガタイプ液晶表示器の 95 ％信頼区間 CL が大きくなり，300 lx 以上になると，ネガタイプ液晶表示器の主観的等価輝度が急激に低下しました．1 000 lx 以上の高照度では，蛍光表示管が外乱光の表示面への映り込みによる影響が最も少ない表示器です．それに比べて緑色発光ダイオード表示器の場合は，外乱光の表示面への映り

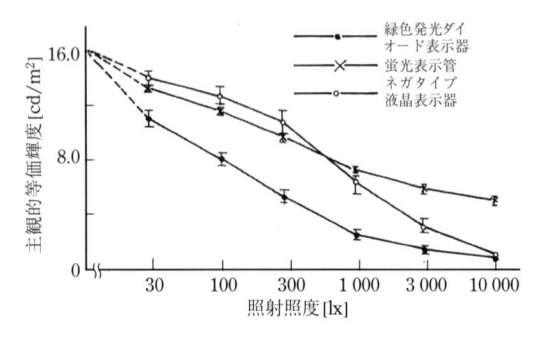

図 5.8 外乱光を想定した照射照度による主観的等価輝度の変化

表 5.3 主観的等価輝度に対する 2 元配置分散分析の結果

表示器	変動因	自由度	平方和	平均平方	F 比
緑色発光ダイオード （G - LED）	提示数字（A） 照射照度（B） A × B 測定誤差 全 体	9 5 45 540 599	2 118.7 1 936.0 173.4 2 487.7 6715.9	235.4 387.2 3.9 4.61	51.1** 85.1** 0.8
蛍光表示管（VFT）	提示数字（A） 照射照度（B） A × B 測定誤差 全 体	9 5 45 540 599	43.9 1 071.8 22.8 259.9 1 398.3	4.9 214.4 0.5 0.48	10.1** 445.1** 1.1
ネガタイプ液晶表示器 （N - LCD）	提示数字（A） 照射照度（B） A × B 測定誤差 全 体	9 5 45 540 599	792.1 11 667.0 305.2 6 882.2 19 646.4	88.0 2 333.4 6.8 12.74	6.9** 183.1** 0.5

込みによる影響を受けやすく,主観的等価輝度が著しく低下する傾向が見られました(図 5.8 参照).以上の結果から,主観的等価輝度の調整に平均 2 〜 3 秒を要するので,セグメントの発光面積が広いほど照射照度,すなわち外乱光の表示面への映り込みによる影響を受けにくく,見やすい表示器であるといえます.

つぎに,提示数字と照射照度を変動因子として,図 5.8 の主観的等価輝度に 2 元配置分散分析(analysis of variance in two-way classifications)を施した結果を表 5.3 に示します[5-13].どの表示器も変動因子について,危険率 1 %で大きい有意差が見られました(付録 1 参照).

(2) 提示数字

表 5.3 において,緑色発光ダイオード表示器の提示数字に対する F 比(分散比)が一番大きい値を示した理由は,提示数字の有意差に影響を及ぼすセグメント輝度のバラツキが他の表示器に比して特に大きかったことによると思われます.そのことを確かめるために,提示数字(0 〜 9)におけるセグメント輝度の標準偏差 SD と,その構成セグメント数 N の積に対する主観的等価輝度の相関を調べました(図 5.9 参照).その結果,相関係数は $r = -0.84$ で,$|r|$ が t-分布の相関係数である 1 %有意水準値 0.765 よりかなり大きく,十分有意な相関であることがわかりました(付録 2 参照)[5-14].

つぎに,標準刺激の提示数字(0 〜 9)におけるセグメント輝度のバラツキが,主観的等価輝度に与える誤差について考察します.被験者が比較刺激のセグメント輝度を調整するときに,注視するセグメントを決めているわけではないので,そのとき被験者が注視しているセグメント輝度によって,調整した主観的等価輝

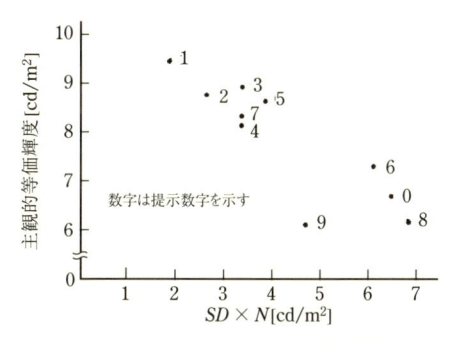

図 5.9 提示数字によるセグメント輝度と主観的等価輝度の相関

度にバラツキが生じます(図 5.4 参照)[5-12], [5-15].

　今,輝度変化が小さい範囲で物理輝度と主観的等価輝度が比例し,標準刺激と比較刺激のセグメント輝度分布が等しいものとして,被験者が注視している標準刺激のセグメントを a,そのセグメントの放射輝度を L_a,標準刺激の表示面への外乱光の映り込みによる重畳輝度を L_v,そのとき被験者が調整した比較刺激(a セグメント)の主観的等価輝度を P_a とします.次に,被験者が注視している標準刺激のセグメントを b,そのセグメント放射輝度を L_b,標準刺激の表示面への外乱光の映り込みによる重畳輝度を L_v とすると,そのとき被験者が調整した比較刺激(b セグメント)の主観的等価輝度 P_b は,式 (5.6) で与えられます.

$$P_b = P_a \frac{L_v + L_b}{L_v + L_a} \quad \cdots\cdots\cdots\cdots\cdots\cdots\cdots\cdots\cdots\cdots\cdots\cdots\cdots\cdots \quad (5.6)$$

　一方,被験者が比較刺激の a セグメントの輝度を P_a に調整すると,b セグメントの輝度 P_b' は,式 (5.7) で与えられます[5-12], [5-15].

$$P_b' = P_a \frac{L_b}{L_a} \quad \cdots\cdots\cdots\cdots\cdots\cdots\cdots\cdots\cdots\cdots\cdots\cdots\cdots\cdots\cdots\cdots \quad (5.7)$$

　式 (5.6) と式 (5.7) から,P_b と P_b' の間には,明らかに式 (5.8) のような誤差が生じます.

$$P_b' - P_b = -P_a \frac{L_v(L_a - L_b)}{L_a(L_v - L_a)} \quad \cdots\cdots\cdots\cdots\cdots\cdots\cdots\cdots\cdots \quad (5.8)$$

　ここで,標準刺激の最高輝度のセグメントを注視して,被験者が比較刺激を調整すると,式 (5.8) より,その主観的等価輝度は負の偏差を生じます.L_a と L_b の差が大きいほど,偏差も大きくなって,セグメント輝度のバラツキが大きく目立ってきます.

　以上の説明で,提示数字の主観的等価輝度が,セグメント輝度のバラツキに影響されることがおわかりいただけましたでしょうか.蛍光表示管とネガタイプ液晶表示器の放射輝度はセグメント内でほぼ均一ですが,緑色発光ダイオード表示器はセグメントの中心に置かれた GaP 半導体ダイスの放射光が,セグメント全体に拡散して山形分布をしています[5-16].そのため,蛍光表示管とネガタイプ液晶表示器に比べて,緑色発光ダイオード表示器のセグメント内およびセグメント間の光の放射が不均一になって,表 5.3 に示す提示数字の有意差が最大になった

5.3 主観的明るさの測定

と考えられます．

(3) 照射照度

明るさ感は，網膜上の照度で決まってきます．それ以外に，多数の視細胞が1本の神経線維を共有しながら分布しているので，網膜の映像面積にも影響を及ぼします[5-3]．映像面積を視角に対する発光部の面積比で表わすと，蛍光表示管が18.6％となり，緑色発光ダイオード表示器やネガタイプ液晶表示器の面積比の57〜72％の範囲でしかありません．そのためにセグメントの輝度むらが目立たず，測定誤差が小さくなって，蛍光表示管の照射照度における有意差が最大になったと考えられます(表5.3参照)．

5.3.5 明るさの弁別

(1) セグメント間の輝度差弁別いき

2つのセグメント間の明るさを比較するために，同一試料のセグメント中の1つのセグメントを標準刺激，他のセグメントを比較刺激として，標準刺激の明るさに対応する比較刺激の明るさを被験者に調整させて，両者の明るさが一致する主観的等価輝度を求めました．

図 5.10 に示す通り，h は高輝度側，l は低輝度側を表し，2つのセグメントを (i,j) とします．標準刺激 i の輝度を $P(i,i)$ とし，それと等しくなるように被験者が調整した比較刺激 j の輝度を $P(i,j)$ とすると，$P(i,j)$ は i セグメントの j セグメントに対する主観的等価輝度を表します．$P(i,j)$ の分散から求めた弁別いきを $DL(i,j)$ とすると，両セグメント間の輝度差弁別いきは，式 (5.9) と式 (5.10)

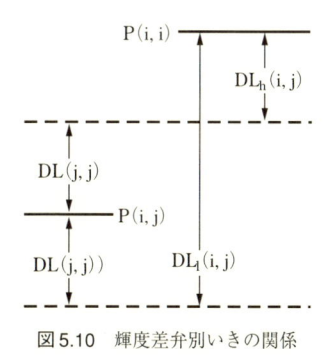

図5.10 輝度差弁別いきの関係

で与えられます．

$$DL_h(i,j) = |P(i,i) - P(i,j) - DL(j,j)| \quad \cdots\cdots\cdots\cdots\cdots\cdots (5.9)$$

$$DL_l(i,j) = |P(i,i) - P(i,j) + DL(j,j)| \quad \cdots\cdots\cdots\cdots\cdots\cdots (5.10)$$

式 (5.9) と式 (5.10) を実証するために，数字発光表示器(表 4.1 参照)の中から緑色発光ダイオード表示器を無作為に選択しました．132 lx の明室内において，7 セグメントの中の c セグメントを定格輝度(100 cd/m^2)で発光させて標準刺激としました．他のセグメントの輝度を可変抵抗器で被験者に約 3 秒間調光させて，c セグメントと等しく見える主観的等価輝度 $P(i, j)$ を求めさせました．被験者 5 名がセグメントごとに 3 回試行したので，1 セグメント当りのべ 15 回分の測定データが得られました．表 5.4 に示す測定結果は c セグメントに対するパーセント輝度であり，主観的等価輝度 $P(i, j)$ と弁別いき DL は各人の平均値を表します．輝度差弁別いきである DL_h と DL_l は式 (5.9)，(5.10) から算出しました．

主観的等価輝度 $P(i, j)$ がすべて 100 % 以下だったのは，標準刺激(c セグメント)の発光に対する比較刺激(c セグメント以外のセグメント)の発光から生じたグレア効果によるものと考えられます．例えば，c セグメントと e セグメント間，および c セグメントと f セグメント間を比較すると，距離の違いによってグレア効果に差が現われ，前者のほうが後者よりもその影響を大きく受けて $P(i, j)$ が低値を示しています．なお，e セグメントより f セグメントの方が，c セグメントから離れているので周辺部が暗く感じます．その分だけ視野の輝度対比が大きく，輝度差の弁別感度が鋭敏になるため，c セグメントに対する弁別輝度差は，逆に小さくなったと考えられます．

セグメント間における主観的等価輝度の有意差を検定するために，$P(i, j)$ を一

表 5.4 緑色発光ダイオード表示器の c セグメントに対する主観的等価輝度

セグメント	$P(i, j)$	DL	DL_h	DL_l
a	$P(c, a) = 98.17$	0.90	0.93	2.73
b	$P(c, b) = 98.07$	0.79	1.14	2.72
d	$P(c, d) = 98.19$	0.73	1.08	2.54
e	$P(c, e) = 96.80$	0.96	2.24	4.16
f	$P(c, f) = 99.00$	0.40	0.60	1.40
g	$P(c, g) = 98.30$	0.69	1.01	2.39

括して1元配置分散分析(analysis of variance in one-way classifications)を施した結果を表 5.5 に示します．セグメント間には危険率 1 ％で有意差が見られたことから，セグメント間の主観的等価輝度の大きいバラツキが明らかになりました(付録 1 参照).

表 5.5 セグメント間の有意差検定

変 動 因	自 由 度	平 方 和	平均平方	F 比
セグメント	5	81.18	16.24	3.71**
測定誤差	81	354.75	4.380	
全　体	86	435.9		

　セグメント間に生じた主観的等価輝度のバラツキをもう少し詳しく検討するために，eセグメントとfセグメントを代表させて t-検定を実施しました．得られた $t = 3.34$ と，自由度 14 の $t_{14}(0.001) = 4.14$ と $t_{14}(0.01) = 2.98$ を比較すると $0.001 < P < 0.01$ となり，大きい有意差が認められました（付録 2 参照）．それはeセグメントとcセグメントの位置関係が，fセグメントとcセグメントの場合と異なっていることが原因していると考えられます（図 5.4 参照）．

　一方，蛍光表示管が緑色発光ダイオード表示器と違って，bセグメントとgセグメントの $P(i,j)$ が，cセグメントの値に非常に近似した値を示しました．それは両セグメントがいずれもcセグメントに隣接しており，輝度差の比較弁別が綿密にできた結果であると考えられます．もう 1 つ，蛍光表示管は，セグメント全体に蛍光体が塗布されているので，緑色発光ダイオード表示器の山形分布に比して，セグメント全体が一様に発光しており，グレアの影響が少なかったことも理由としてあげられます．

　さらに，輝度差弁別いきに分散分析を施した結果，緑色発光ダイオード表示器が $F = 0.29$，蛍光表示管が $F = 1.89$ で，いずれも $P > 0.05$ となり，両者ともセグメント間に有意差は見られませんでした（付録 1，付録 2 参照）．

(2) ウェーバー比

　人間の目は網膜上の照度に依存して明るさ感が異なるので，高照度の環境で標準刺激を見ると，眼球内の組織で散乱された光が，網膜上の映像に重畳して標準刺激の知覚を妨害し，50 ％知覚限界輝度差が変化します[5-17]～[5-19]．そのときの

主観的等価輝度を $L[\text{cd/m}^2]$，輝度差弁別いきを $\Delta L[\text{cd/m}^2]$ として，式 (1.1) からウェーバー比 K を算出し，外乱光(照射照度)の映り込みによる知覚への影響を調べた結果を図 5.11 に示します[5-20]～[5-24]．外乱光が提示数字に重畳して発光セグメントの識別が困難になってくると，主観的等価輝度が低下してどの表示器もウェーバー比が急上昇することから，外乱光の映り込みによる影響を受けにくく，提示数字の識別力が高い表示器ほどウェーバー比が小さくなることが推測されます．その論理に従えば，発光表示器の見やすさは，

　　　蛍光表示管＞緑色発光ダイオード表示器＞ネガタイプ液晶表示器

の順となります．

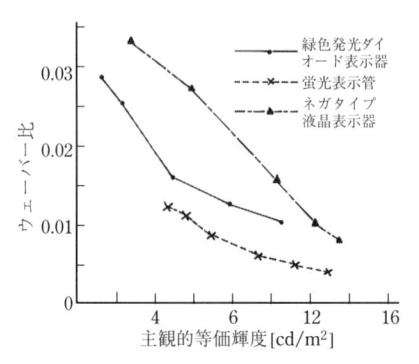

図 5.11　主観的等価輝度とウェーバー比の関係

5.4　非発光表示器の明視性

ポジタイプ液晶 7 セグメント表示器は，低電力駆動であり，白色紙に書かれた黒色印刷文字が室内照明下で示す程度の輝度対比を有することなどから，広範囲に利用されています[5-25]．特に表示器の使用が昼夜にわたる場合，表示面に照射する光の強度によって主観的輝度対比が大きく変化し，視覚に多大な影響を及ぼします．すなわち，照射照度が低下するに従って，視対象の輝度対比は同じでも，目から送られてくる情報を知覚する主観的輝度対比等価点が低下し，明視性に影響を及ぼします[5-1]．

5.5 輝度対比の測定

同一型式で同一特性を示すポジタイプ液晶表示器(数字のサイズ：17.8 mm(H)× 8.9 mm(W))の一方を標準刺激，他方を比較刺激とします．表示面にはグレイ・フィルタを装着して，図 5.12 に示す暗箱中に装着します．光束が 1 120 lm で，色温度が 3 300 K のハロゲンランプ(図 5.6 参照)3 個を表示面への照射光源に使いました．光源と表示器の間には，図 5.12 に示すような 3 種類の白色アクリル板を組み合わせて挿入し，表示面照度を 300 lx 一定にしました．

輝度対比を求めるために，市販の輝度計にクローズアップレンズを装着して，

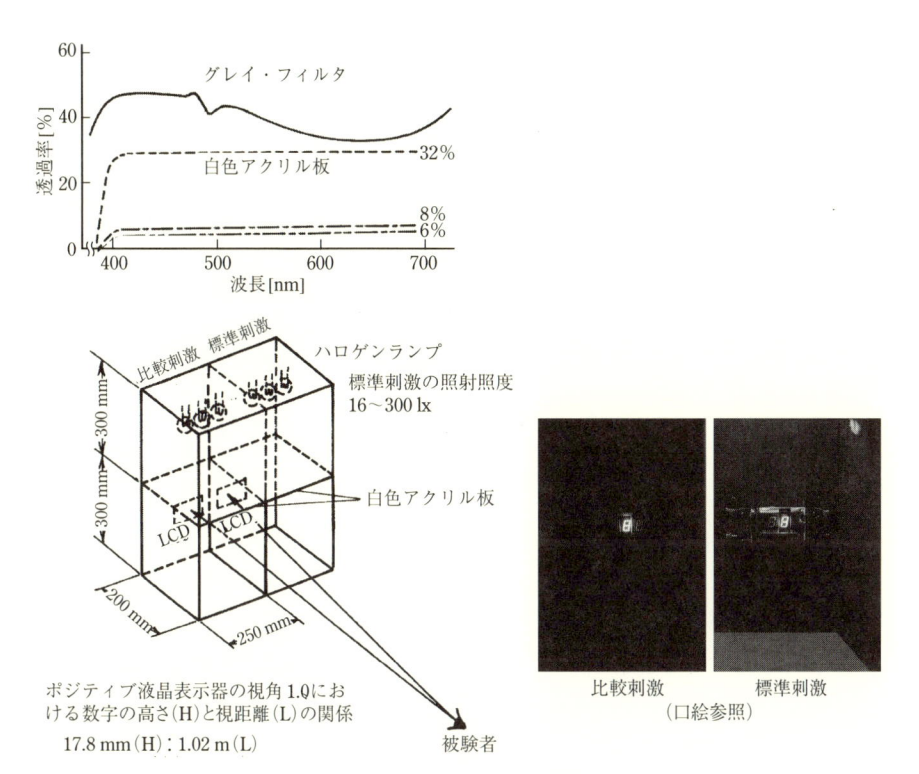

図5.12 フィルタの分光特性と測定装置

セグメント幅以下の微小部分が測定できるようにした後，セグメント電圧を 0.70 ～ 1.20 V まで，0.05 V ずつ変化させながら，提示数字 8 における a セグメント輝度から g セグメント輝度と表示面輝度をそれぞれ測定しました(図 5.4 参照)．

明視性実験では，被験者に調整させたセグメント電圧を，輝度対比に換算する必要があるので，式 (5.11) を用いて，標準刺激と比較刺激の提示数字 8 におけるセグメント輝度と表示面輝度の測定結果から輝度対比 C を算出しました[5-26]．その結果，輝度対比 C はセグメントごとに 10 % 程度のバラツキが見られたので，実用面から，再度，提示数字(0 ～ 9)のセグメント間における放射輝度のバラツキを目視で調査しました．調査の結果では，セグメント間に差が感じられなかったので，実験に用いる標準刺激と比較刺激の輝度対比は，図 5.13 に示すように a セグメントから g セグメントの輝度平均を採用しました．図中に見られる標準刺激と比較刺激の差も，やはり製品のバラツキによるものなので，測定データから両者の輝度対比を調整して使用しました．

$$C = \frac{P-S}{P} \quad \cdots\cdots\cdots\cdots\cdots\cdots\cdots\cdots\cdots\cdots\cdots\cdots\cdots\cdots\cdots\cdots (5.11)$$

ここで，P：表示面輝度 [cd/m^2]，S：セグメント輝度 [cd/m^2] を表します．

つぎに，明視性実験を簡便に進めるために，図 5.13 の標準刺激と比較刺激のデータに最小 2 乗法を適用すると，両者の輝度対比 Y とセグメント電圧 X の関係は，式 (5.12) と式 (5.13) で与えられます[5-27]．

標準刺激の場合

$$Y = -4.388\,X^3 + 9.568\,X^2 - 4.403\,X \quad \cdots\cdots\cdots\cdots\cdots\cdots (5.12)$$

比較刺激の場合

$$Y = -3.974\,X^3 + 8.913\,X^2 - 4.235\,X \quad \cdots\cdots\cdots\cdots\cdots\cdots (5.13)$$

ここで，式 (5.12) と式 (5.13) は，セグメント電圧が 0.70 ～ 1.20 V の範囲で成立します．

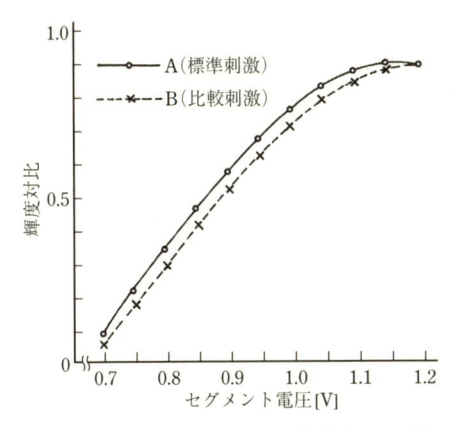

図5.13 セグメント電圧と輝度対比の関係

5.6 主観的輝度対比等価点の測定

5.6.1 主観的輝度対比等価点

　主観的輝度対比等価点の測定の目的は，「見やすさ(明視性)」を量的に把握することです．これを直接測定することは不可能なので，「見やすさ」に影響しない中立状態にある比較刺激の物理量を用いて間接測定します．ここで，主観的輝度対比等価点の測定のために，特定の条件を与えて「見やすさ」を変化させる対照刺激のことを，標準刺激と呼びます[5-28]．

　照射照度(外乱光を想定)を変化させた標準刺激と照射照度を一定にした比較刺激を被験者に見せて，標準刺激の輝度対比と比較刺激の物理的輝度対比が一致するように被験者に比較刺激を調整させ，得られた調整値を主観的輝度対比等価点とします．測定前に，標準刺激に対する比較刺激の等価点が，同一照度で同一物理的輝度対比で等値となることを確認しておきます．もし，差が見られるようであれば，測定のたびに，最初の主観的輝度対比等価点における変化分(空試験値)を補正する必要があります[5-12]．

(1) 測定方法と結果

　標準刺激の表示面に，16 lx，34 lx，110 lx，330 lx の 4 水準の光を照射します．照度調整は，光源であるハロゲンランプ(図 5.6 参照)の点灯個数，および光路

上に挿入した透過率の異なる白色アクリル板の種類と枚数で調整します(図 5.12 参照). なお，比較刺激の表示面照度も同様の装置で 14 lx と 356 lx 一定にして，主観的輝度対比等価点を測定します.

両眼視力が 1.0 以上で，左右の視力差が 0.3 以内の 19 〜 20 歳の学生の中で，体調が良好で疲労感がない 5 名を被験者として選びます．暗室で 35 分間順応させた後，中心視に限定するために，提示数字の高さから視角が 1.0° となるように視距離を 1.02 m としました[5-28], [5-29].

図 5.14 の上段は標準刺激の輝度対比が 0.5 の測定結果です．表示面照度が 16 lx である標準刺激に対して，表示面の照射照度が 14 lx である比較刺激のセグメント電圧を被験者に調整させて主観的輝度対比等価点を求めました．ほぼ両者の輝度対比が一致することを提示数字(0 〜 9)について確認した後，16 〜 330 lx の範囲で，上昇・下降系列について標準刺激の照射照度(外乱光を想定)を変化させながら，比較刺激のセグメント電圧を被験者に調整させて主観的輝度対比等価点を測定しました．

図 5.14 の下段は，標準刺激の輝度対比が 0.9 の測定結果です．表示面の照射照度が 330 lx の標準刺激に対して，照射照度が 356 lx の比較刺激のセグメント電圧を被験者に調整させて，主観的輝度対比等価点を測定しました．ほぼ両者の輝度対比が一致することを提示数字(0 〜 9)で確認した後，16 〜 330 lx の範囲で，上昇・下降系列について標準刺激の照射照度(外乱光を想定)を変化させながら，標準刺激の輝度対比が 0.5 の場合と同様に，比較刺激のセグメント電圧を被験者に調整させて主観的輝度対比等価点を測定しました．

観測中は被験者の視線が変化しないように，顎を台にのせ，さらに額あてを併用して頭部を固定しました．照射照度ごとの測定を 1 セッションとして，その所用時間は約 10 分でした．なお，図 5.14 の縦軸の主観的輝度対比等価点は，式 (5.11) を用いてセグメント電圧調整値から換算しました．

5.6.2 要因分析

上昇・下降系列，照射照度および提示数字などを変動因子として，図 5.14 に示された主観的輝度対比等価点の対照刺激からの変化分について 3 元配置分散分析を施した結果，標準刺激の輝度対比が 0.5 と 0.9 のどちらも，上昇・下降系

5.6 主観的輝度対比等価点の測定

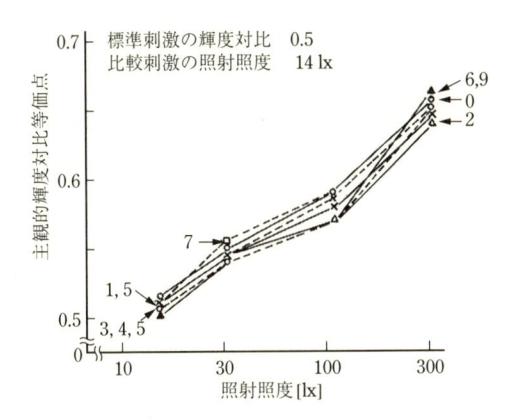

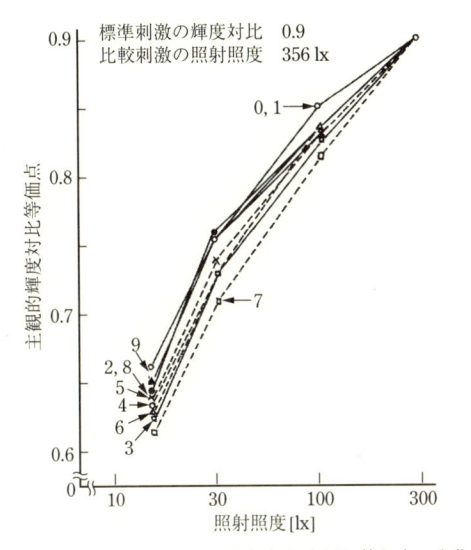

図5.14 提示数字による主観的輝度対比等価点の変化

列とすべての交互作用に有意差が見られませんでした．そこで，変動因子を除く交互作用のすべてを残差に繰り込んで，再度，3元配置分散分析を施した結果を表 5.6 に示します[5-13]．

標準刺激の輝度対比が 0.5 の場合は，照射照度が危険率 1％で，提示数字が危

表 5.6 変動因子に対する 3 元配置分散分析の結果

測定条件	変動因		自由度	平方和	平均平方	F 比
標準刺激の輝度対比が 0.5	上昇・下降系列	(A)	1	0.0000	0.0000	0.0
	照射照度	(B)	3	0.5993	0.1998	327.5**
	提示数字	(C)	9	0.0116	0.0013	2.1*
	測定誤差		386	0.2355	0.00061	
	全体		399	0.8464		
標準刺激の輝度対比が 0.9	上昇・下降系列	(A)	1	0.0003	0.0003	0.1
	照射照度	(B)	3	3.5215	1.1738	291.1**
	提示数字	(C)	9	0.0449	0.0050	1.2
	測定誤差		386	1.5557	0.00403	
	全体		399	5.1223		

険率 5 ％でそれぞれ有意差が見られました．標準刺激の輝度対比が 0.9 になると，照射照度にのみ危険率 1 ％で有意差が見られました．標準刺激の輝度対比が 0.5 の結果と 0.9 の結果を比較した場合，輝度対比が 0.9 の平均平方が大きいにもかかわらず，0.5 の提示数字に有意差が見られたのは，0.5 の 3 元配置分散分析表における残差項の値が 0.9 に比べてかなり小さいことに原因があります．つまり，F 比（分散比）が，各変動因子の平均平方を残差項の平均平方で除したものであるため，標準刺激の輝度対比が 0.5 の場合は残差項が小さいので僅かな変化も検出されるが，0.9 になると残差項が大きいためにその値に隠れて変化が検出され難かったことがあげられます（付録 1 参照）．

次節では，3 元配置分散分析で有意差が見られた照射照度と提示数字について，さらに，詳細に検討を進めたいと思います．

5.6.3 主観的輝度対比に影響を及ぼす因子

(1) 照射照度

ポジタイプ液晶表示器の表示面とセグメントの輝度対比は，図 5.15 に示すように輝度計の物理測光では照射光の影響を受けないが，図 5.14 に示したように人間の視認印象では，照射照度に依存して主観的輝度対比が増加し，標準刺激の輝度対比が 0.5 の場合より 0.9 の方がかなり大きいことがわかりました．

(2) 提示数字

表 5.6 において，主観的輝度対比等価点の提示数字による影響は，標準刺激の

5.6 主観的輝度対比等価点の測定

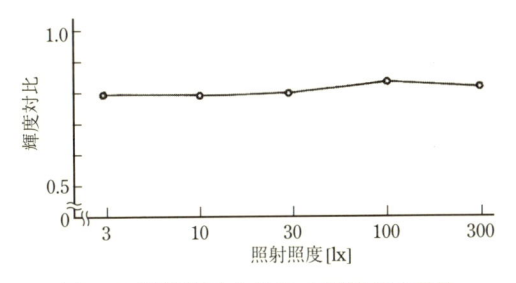

図 5.15 照射照度とセグメント輝度対比の関係

輝度対比が 0.5 の場合だけに危険率 5 % で有意差が見られました．しかし，提示数字 (0 ～ 9) の構成セグメントによる輝度対比のバラツキと主観的輝度対比等価点の相関係数は 0.015 なので，t-分布の相関係数から有意差は見られませんでした (付録 2 参照)．そこで，提示数字の有意差は，構成セグメントの輝度対比のバラツキによるものではなく，表示面への照射照度 (外乱光を想定) の映り込みによる影響であると結論づけました[5-14]．

標準刺激の輝度対比が 0.5 の場合は，照射照度 (外乱光を想定) の増加と共セグメントの色彩変化が観察され，式 (5.5) を用いて算出した主観的輝度対比等価点における 95 % 信頼区間 CL も徐々に拡大してきました[5-30]．また，表示面にグレイフィルタを装着しても，標準刺激の輝度対比が 0.9 の場合は比較刺激の照射照度が 356 lx と高いので，明るさの順応による影響を大きく受けて被験者が表示面に光沢を感じた結果，測定誤差も次第に大きくなって有意差が検出されなかったと推測されます．つまり，提示数字に見られた有意差の大部分は，照射照度の増加によって，被験者が主観的輝度対比等価点を合わせづらくなったことが原因していると考えられます．

5.6.4 輝度対比弁別いき

人間の目は網膜上の照度に依存して明るさ感が異なってくるので，明るさの順応による影響を受けるような環境において標準刺激を見ると，眼球内の組織で散乱された光が網膜の映像に重畳して知覚を妨害し，比較刺激と標準刺激との差異を知覚する輝度対比弁別いきが変化します．そこで，外乱光の表示面への映り込みが，輝度対比 0.5 と 0.9 の標準刺激の弁別いきに及ぼす影響について検討しま

した[5-15], [5-31].

　標準刺激の輝度対比をパラメータとして，式(1.4)から照射照度別に求めた輝度対比弁別いきの変化を図5.16に示します．標準刺激の輝度対比が0.5の場合は，照射照度(外乱光を想定)の増加と共に輝度対比弁別いきが増加し，0.9の場合は，逆に，照射照度が減少すると共に輝度対比弁別いきが増加しています．それは，両者とも標準刺激と比較刺激の照度差による主観的輝度対比等価点の合わせづらさが原因していると考えられます．また，輝度対比弁別いきの変化が0.5より0.9の方が著しかったのは，被験者が調整のために標準刺激に比べて比較刺激の方を長く注視していたので，比較刺激への照射照度が高い0.9の方が明るさの順応による影響を大きく受けたためであると考えます．

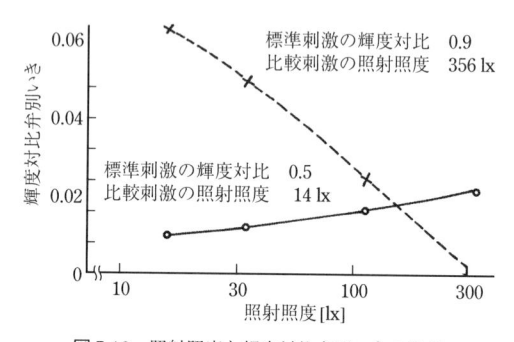

図5.16　照射照度と輝度対比弁別いきの関係

参考文献

[5-1]　樋渡涓二：文字・単語のディスプレイに対する知覚と認知，人間工学，22 (5), pp.269〜275, 1986.

[5-2]　池田紘一：視覚に関する心理物理的測定と心理的測定，照明学会誌，65 (12), pp.11〜18, 1981.

[5-3]　照明学会編：最新やさしい明視論，照明学会，pp.33〜76, 1984.

[5-4]　村岡哲也，川村幹也，上迫宏計：ネガタイプ液晶7セグメント数字表示器の視認特性について，第8回液晶討論会講演予稿集，pp.58〜59, 1982.

[5-5]　H. H. Bergh and P. J. Dean：Light-Emitting Diodes, Proc. IEEE, 60 (2), pp.156〜223, 1977.

[5-6]　中村正，清住謙太郎：蛍光表示管とその応用，pp.13〜72, 日刊工業新聞, 1977.

[5-7] 松本正一，角田市良：液晶の最新技術，pp.127～138，工業調査会，1983.

[5-8] 村岡哲也，川村幹也，上迫宏計：車載用7セグメント数字表示器の主観的明るさにおよぼす照射照度の影響，人間工学，24 (4)，pp.219～226，1988.

[5-9] 大山正：心理学研究法2 (実験I)，pp.58～69，pp.97～100，東京大学出版会，1980.

[5-10] 小林竜一：パソコンによる統計解析，pp.68～87，培風館，1983.

[5-11] 中根芳一：印刷文字の見易さ及び適正照度に関する研究，日本建築学会論文報告集，229，pp.111～120，1975.

[5-12] 大山正：心理学研究法2 (実験I)，pp.39～96，東京大学出版会，1980.

[5-13] 石川馨，米山高範：分散分析法入門，pp.21～146，日科技連，1983.

[5-14] 石川栄助：実務家のための新統計学，pp.228～229，槙書店，1985.

[5-15] 田渕義彦，中村肇，松島公嗣：CRT ディスプレイの表示文字と外部反射映像の見え方の主観評価，照明学会誌，71 (2)，pp.131～137，1987.

[5-16] 川村幹也，上迫宏計，村岡哲也：7セグメント発光表示装置の視認性について，電気学会計測研究会資料，IM-81-22, pp.21～30，1981.

[5-17] 川村幹也，上迫宏計，村岡哲也：7セグメント数字発光表示器の輝度分布および視認性の検討，照明学会誌，67 (2)，pp.3～8，1983.

[5-18] 村岡哲也，川村幹也，上迫宏計，田中晃：ネガタイプ液晶7セグメント数字表示器の照射照度による視認性の影響，第27回自動制御連合講演会前刷，pp.441～442，1984.

[5-19] 吉村義典，武内徹二，成定康平：中心視の輝度差弁別いきに及ぼす周辺視野の輝度の影響，照明学会誌，62 (5)，pp.12～18，1978.

[5-20] J. P. Guilford (秋重義治訳)：精神測定法，pp.27～56，培風館，1976.

[5-21] 重松征史，菅野義之：視覚神経系の変換関数に基づく明度尺度，照明学会誌，40 (6)，pp.268～272，1986.

[5-22] 池田光男：視覚の心理物理学，pp.112～117，森北出版，1982.

[5-23] 御領謙：人間の情報処理，pp.9～23，サイエンス社，1985.

[5-24] 田崎京二，大山正，樋渡涓二：視覚情報処理，pp.137～138，朝倉書店，1986.

[5-25] 中根芳一：印刷文字の見易さ及び適正照度に関する研究，建築学会論文集，229，pp.111～120，1975.

[5-26] 小堀富次雄：照明システム (基礎と応用)，pp.15～19，東海大学出版会，1977.

[5-27] 古林隆：統計解析，pp.135～138，培風館，1983.

[5-28] 村岡哲也，川村幹也，上迫宏計：ポジタイプ液晶表示器の主観的コントラストにおよぼす照射照度の影響，人間工学，25 (2)，pp.129～133，1989.

[5-29] 樋渡涓二，安田稔，大串健吾，斉藤秀昭：視聴覚情報概論，pp.29～31，昭晃堂，1987.

[5-21] 石川馨，米山高範：分散分析法入門，pp.124～133，日科技連，1983.

[5-30] 村岡哲也，川村幹也，上迫宏計：液晶表示数字の見え方の主観評価，第13回液晶討論会講演予稿集，pp.20～21，1987.

[5-31] 和田陽平，大山正，今井省吾：感覚・知覚心理学ハンドブック，p.40，誠信書房，1985.

第6章
発光表示器の可読性

6.1 可読性の評価

　明視性と可読性の両者を総称して視認性と呼びます(4.1 参照)．明視性については第5章で述べたので，可読性について，第6，7章で説明します．
　可読性(legibility)は，視対象がもつ意味を認知し，それを読み取る能力により評価します．それゆえ，可読性でも一番懸念されるのは明視性と同様，外乱光の表示面への映り込みの問題です[6-1]．
　この問題を解明するために，緑色発光ダイオード表示器，蛍光表示管，およびネガタイプ液晶表示器を視対象として，以下の3項目について比較検討し，その結果から各表示器の可読性に及ぼす影響について評価します．

① 輝度計測定により，提示数字(0 ~ 9)の輝度対比に及ぼす外乱光(照射照度)の影響を調べます[6-2]．
② 表示面照度を変化させながら，ランダムに提示した数字(0 ~ 9)を被験者に判読させて正読率を求めます．次に，表示器，照射照度，提示数字などを変動因子として，正読率に3元配置分散分析を施します．
③ 誤読が見られる測定データから正読率50 %と100 %の照射照度いき値を求め，正読率の低下の原因となる誤読を提示数字(0 ~ 9)の形状から検討します．

6.2 輝度対比の測定

6.2.1 測定方法

前章「明視性」で試料とした緑色発光ダイオード表示器，蛍光表示管，およびネガタイプ液晶表示器を，本章の「可読性実験」でも，同様に試料としました[6-3]。表示器の表示面に，ハロゲンランプ(図 5.6 参照)を装着したスライドプロジェクタを光源として，水平面上 45°の角度から色温度が 3 300 K の光を照射しまし

装置の高さ：200 mm

視角1.0における数字の高 さ(H)と視距離(L)の関係

緑色発光ダイオード
 12.7 mm(H)：0.73 m(L)

蛍光表示管
 12.5 mm(H)：0.72 m(L)

ネガタイプ液晶表示器
 17.8 mm(H)：1.02 m(L)

表示器

照射照度：1〜10 000 lx

白色アクリル板

スライドプロジェクタ

(口絵参照)

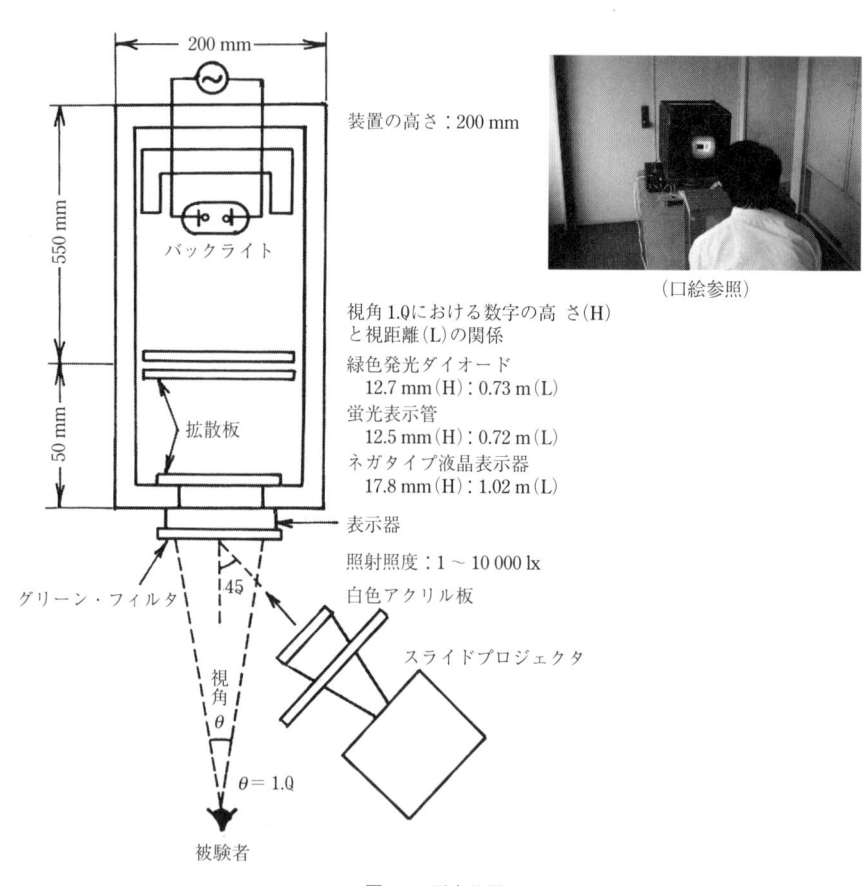

図6.1　測定装置

た(図 6.1 参照). 1～10 000 lx までの照度変化は，光源から表示器までの光路長，および光路上に装着した白色アクリル板の種類(図 5.12 参照)と枚数で調整しました.

市販の輝度計にクローズアップレンズを装着して，表示面照度を 1～10 000 lx まで変化させながら，表示器のセグメント輝度と表示面輝度を測定しました[6-4], [6-5]. 照射照度 1 lx における表示器のセグメント輝度は，5.1 発光表示器の明視性実験の場合と同様に，あらかじめ 16.6 cd/m^2 で一定になるように調整しました[6-6].

6.2.2 測定結果

緑色発光ダイオード表示器，蛍光表示管，およびネガタイプ液晶表示器は昼夜に関係なく使用されるので，そのすべての明るさをカバーした 1～10 000 lx の表示面への照射光(外乱光を想定)に対するセグメント輝度と表示面輝度の測定結果を図 6.2 に示します.

つぎに，式 (5.11) を用いて図 6.2 から輝度対比 C を算出し，表示面照度と輝度対比の関係を図 6.3 に示します[6-2], [6-7], [6-8]. 照射照度(外乱光を想定)の妨害によって，緑色発光ダイオード表示器が 0.96 から 0.45 まで，蛍光表示管が 0.95

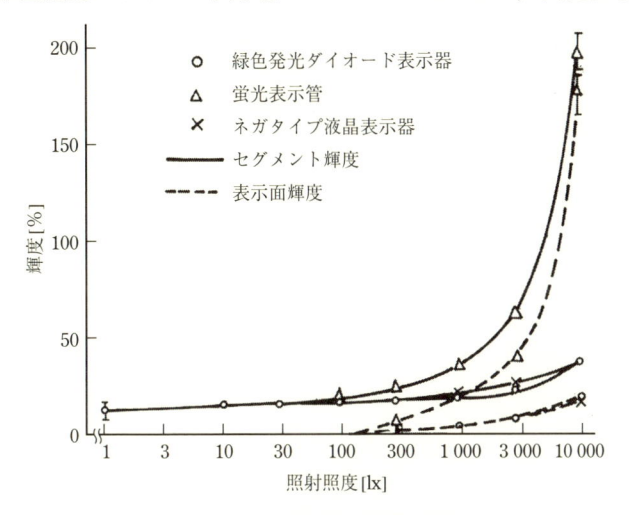

図6.2 照射照度と輝度の関係

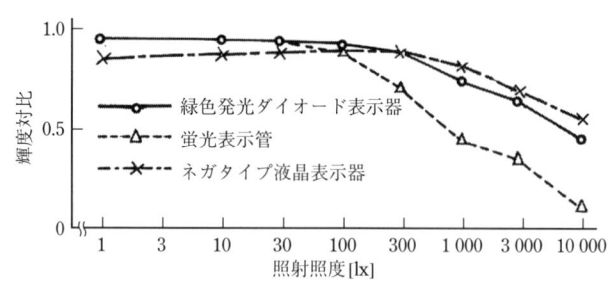

図6.3 照射照度と輝度対比の関係

から 0.10 まで，ネガタイプ液晶表示器が 0.87 から 0.54 まで，輝度対比がそれぞれ低下するのが読み取れます．なお，照射照度の増加に対応して表面反射が強くなると，やがて提示数字のセグメントと表示面の輝度差が目の弁別いき以下となって，判読不能に陥ることは明白です．

6.3 可読性の測定

6.3.1 測定方法と結果

両眼視力が 1.0 以上で，左右の視力差が 0.3 以内の 19 ～ 20 歳の学生の中で，体調が良好で，疲労感がない 5 名を被験者として暗室で 35 分間順応させた後，視角と照射照度が一定の条件下で，数字(0 ～ 9)をそれぞれ 20 回ランダムに計 200 回提示して被験者に判読させます[6-10]．それを 1 セッションとした場合，所要時間は約 10 分でした（図 6.1 参照）．観測中は被験者の視線が変化しないように，顎を台にのせ，さらに額あてを併用して頭部を固定します．

人間の目の光刺激に対する簡単反応時間が 0.2 秒以内であることから，2 秒間隔で 0.1 秒間ずつ，数字(0 ～ 9)をランダムに提示しました[6-2], [6-9]．

視角で数字の視認性が決まり，眼球を動かさなければ像が鮮明に見えるのは注視点を囲む 1.0°とされているので，数字のサイズと視距離の関係を視角 1.0°に統一しました．また，表示面への照射照度(外乱光を想定)は，1 lx，10 lx，30 lx，100 lx，300 lx，1 000 lx，3 000 lx，10 000 lx の 8 水準を取りました[6-10], [6-11]．なお，ここの測定実験では，照射照度が 1 lx の測定データを暗視野における空試

6.3 可読性の測定

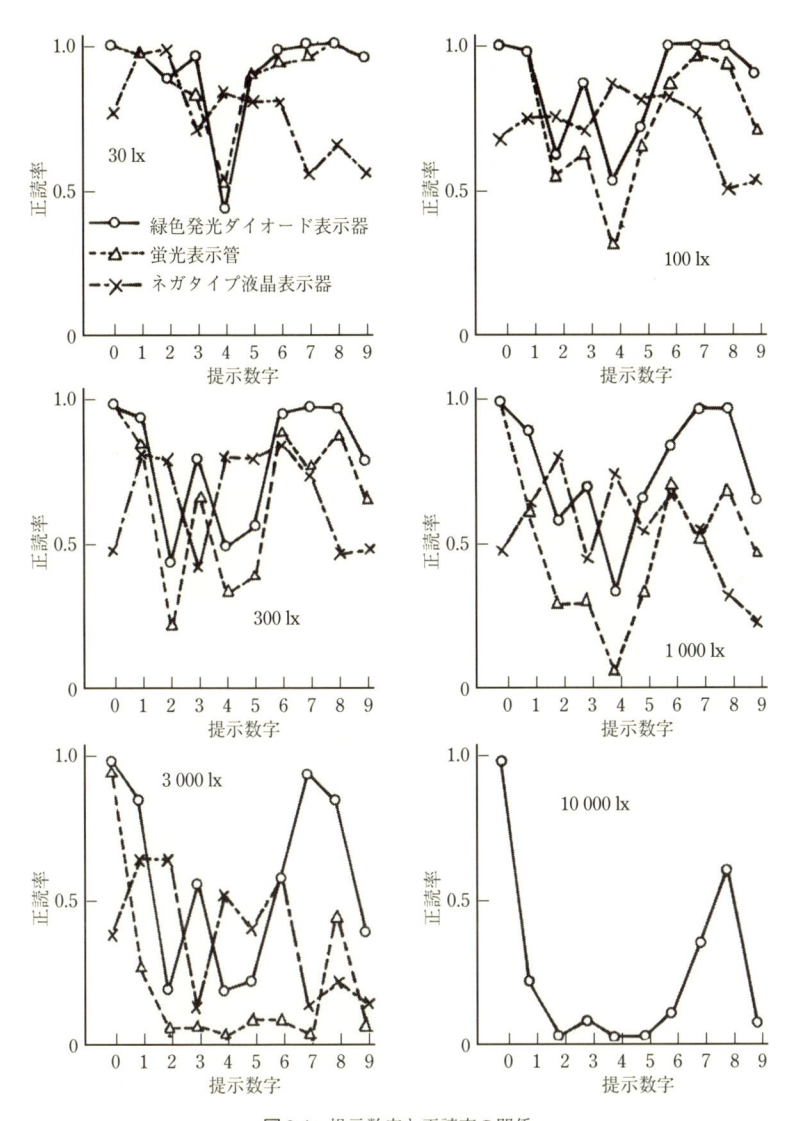

図 6.4 提示数字と正読率の関係

験値とします.

　緑色発光ダイオード表示器, 蛍光表示管, およびネガタイプ液晶表示器をパラメータとして, 照度別に, 提示数字(0 〜 9)の正読率の変化を図 6.4 に示します. いずれの表示器も, 照射照度の増加と共に正読率が低下し続けますが, やがて蛍光表示管とネガタイプ液晶表示器が 10 000 lx で判読不能となり, その様子は, 提示数字の形状で異なることがわかりました[6-12].

　つぎに, 外乱光の映り込みによる影響が少ない表示器を選択するために, 緑色発光ダイオード表示器, 蛍光表示管, およびネガタイプ液晶表示器をパラメータとして, 照射照度(外乱光を想定)に対する正読率平均値と 95 %信頼区間 CL を求めて図 6.5 に示します. いずれの表示器も照射照度の増加と共に 95 %信頼区間 CL 幅が広くなり, 正読率がしだいに低下する傾向を示しました.

　緑色発光ダイオード表示器の正読率が, 蛍光表示管やネガタイプ液晶表示器に比べて高値を示した理由としては, 緑色発光ダイオード表示器のピーク波長が視感度中心に近い 540 nm であるのに対して, 蛍光表示管とネガタイプ液晶表示器はそれよりかなり短波長の 514 nm を示したことがあげられます. つまり, 緑色発光ダイオード表示器の方が, 蛍光表示管やネガタイプ液晶表示器よりは明所視との積集合部分の面積が広いので, 視認性がよいと評価されます(図 5.2 参照).

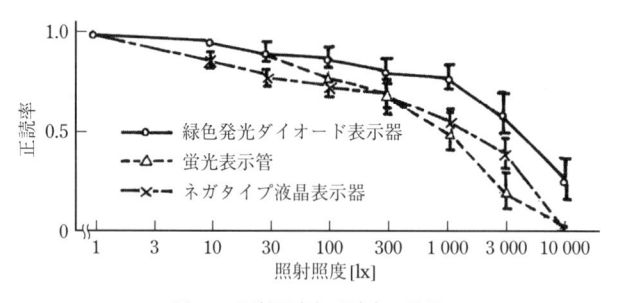

図 6.5　照射照度と正読率の関係

6.3.2　正読率に影響を及ぼす要因の分散分析

　図 6.4 の正読率に影響を及ぼしたと思われる表示器の種類, 提示数字および照射照度を変動因子として, 3 元配置分散分析を施した結果を表 6.1 に示します.

表 6.1 正読率に対する 3 元配置分散分析の結果

変動因	自由度	平方和	平均平方	F 比
表示器　　(A)	2	5.97	2.98	135.8**
提示数字　(B)	9	9.28	1.03	46.9**
照射照度　(C)	5	94.18	13.45	612.6**
A × B	18	12.23	0.68	30.9**
A × C	14	4.07	0.29	13.2**
B × C	63	6.44	0.10	4.7**
A × B × C	126	9.11	0.07	3.3**
測定誤差	960	21.09	0.022	
全体	1199	162.36		

変動因子およびそれらの交互作用のいずれも危険率 1 ％で大きい有意差が見られたことから，表示器の種類や数字の形状，あるいは照射照度が，それぞれ可読性に大きい影響を及ぼすことが明らかになりました(付録 1 参照)．

6.3.3　外乱光の表示面への映り込みと正読率

高照度の外乱光による表示面への映り込みと共に，表面反射のグレアによる誤読が増加し，逆にセグメントと表示面の輝度対比の減少が予想されます[6-13]．それを確かめるために，図 6.5 から正読率 50 ％と 100 ％の照射照度いき値を算出して，結果を表 6.2 に示します．正読率 50 ％の照射照度いき値は，緑色発光ダイオード表示器と，蛍光表示管およびネガタイプ液晶表示器との間にそれぞれ大差が見られたが，正読率が 100 ％の照射照度いき値になると，表示器間の差があまり見られず 1〜10 lx の範囲にとどまりました．

以上の結果から，正読率 50 ％の照射照度いき値から見て高照度の表面反射によるグレアの影響が少ない表示器は，

　　　　　緑色発光ダイオード表示器＞ネガタイプ液晶表示器＞蛍光表示管

の順であることがわかりました．

表 6.2 可読性に対する表示器の照射照度いき値

表示器＼照射照度	正読率 100 ％のいき値 [lx]	正読率 50 ％のいき値 [lx]
緑色発光ダイオード表示器	10	4 000
蛍光表示管	10	1 050
ネガタイプ液晶表示器	1	1 100

6.4 正読率に影響を及ぼす因子の考察

6.4.1 表面反射による正読率の変化

3種類の表示器のうちで，表面反射によるグレアの影響が最も少ない表示器は緑色発光ダイオード表示器です．表示面照度が高くなって，蛍光表示管とネガタイプ液晶表示器のセグメントと表示面の弁別がしづらくなっても，緑色発光ダイオード表示器だけは，セグメントの中心に置かれた半導体ダイスの発光は左右に分散して山形の輝度分布を成すうえ，輝度対比も同様に山形分布を示すので，セグメントの両端に比べて中心部分の輝度が強調されます．そのセグメント発光輝度の部分的な強弱が，提示数字の可読性の向上に格別の貢献をしています[6-2]．また，表示面を覆っている樹脂板の表面反射が蛍光表示管のフェイス・ガラスに比べてかなり小さいことも理由の1つとしてあげられます[6-14]．

蛍光表示管は，表面に低融点ガラスを使っています．成形加工は容易ですが，加工時に発生する高熱によってガラス表面にひずみが生じるうえ，低融点ガラスの屈折率と反射率が比較的大きいために，外乱光が増加すれば，逆に，輝度対比が著しく低下します[6-15]．それを改善するには，蛍光表示管に装着するフィルタの外面からと，内面からの反射光の強度が等しく，両者の干渉で反射損失が0になるような材料をフィルタに選定する必要があります[6-16]．

ネガタイプ液晶表示器は，照射照度による輝度対比の低下がわずかであるにもかかわらず，正読率の低下が著しいという矛盾が生じています．その理由としては，外乱光の映り込みがバックライトに影響を及ぼして，主観的輝度対比が急激に低下したことがあげられます[6-6]．

6.4.2 提示数字の形状による正読率の変化

照射照度が10 000 lxになると，蛍光表示管とネガタイプ液晶表示器が判読不能になるので，提示数字の形状と正読率の関係は，その1つ手前の3 000 lxの測定結果から検討することにしました．3 000 lxでの全試行数1 000回に対する誤読率が0.01以上の誤読数字を表示器別に，提示数字をパラメータとして図6.6に示します．その中で誤読率が0.03以上のものをあげると，

①緑色発光ダイオード表示器：$(5 \to 2)$, $(2 \to 5)$, $(3 \to 6)$
②蛍光表示管：$(5 \to 2)$, $(7 \to 6)$, $(7 \to 1)$, $(6 \to 9)$, $(6 \to 2)$, $(2 \to 4)$, $(3 \to 8)$, $(9 \to 6)$
③ネガタイプ液晶表示器：$(9 \to 4)$, $(7 \to 1)$, $(7 \to 0)$, $(3 \to 1)$

という結果が得られ，緑色発光ダイオード表示器とネガタイプ液晶表示器は特定の数字に誤読が集中するのに対して，蛍光表示管の誤読は平均化する傾向を示すことがわかりました．

提示数字の形状から誤読を評価すると，図6.4に見られるように，(0, 1, 8) などの対称形を除く，(2, 3, 5, 6, 7, 9) などの非対称な数字に誤読が集中しました．非対称な提示数字に対する誤読状況は，図6.6に見られるように，大部分の誤読が(3, 7)を除く数字に分散しました．誤読率の高い提示数字と誤読数字との関係は，$(5 \to 2)$, $(2 \to 5)$, $(3 \to 6)$, $(7 \to 1)$, $(6 \to 9)$, $(3 \to 8)$, $(9 \to 6)$ などで，両者に形状の類似性があげられます[6-13], [6-17]．

さらに一歩踏み込んで調べると，$(2 \leftrightarrows 5)$ および $(6 \leftrightarrows 9)$ などのように非対称な数字同士の誤読は，形状の類似性が相互に見られますが，$(3 \to 8)$ のように非対称形と対称形の数字については，非対称形から対称形に誤読するだけで，その逆は見られませんでした．しかし，$(7 \to 0)$, $(7 \to 6)$, $(3 \to 1)$ の誤読について

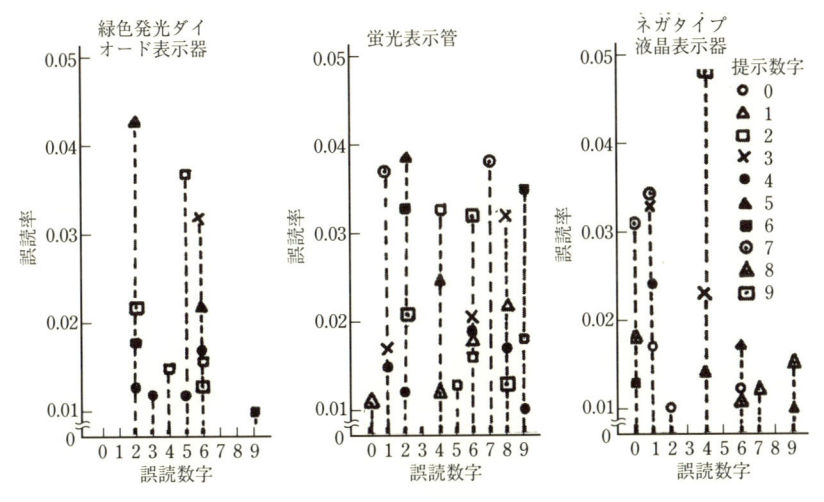

図6.6 提示数字と誤読数字の関係

は，ここで述べた形状の類似性以外の要因が関与しているように思えます．

6.4.3 直前に判読された数字の正読率への影響

　表示面照度が3 000 lx になると，光源からの反射光が網膜上の数字に重畳して，被験者は網膜にかなり負担を感じます．その結果，高照度の表面反射によるグレアと直前に判読された数字の認知の両方による影響と考えられる(7 → 0)，(7 → 6)，(3 → 1)などの誤読が顕著になってきました．そこで，表示間隔が3秒以内の比較的短時間に発生した誤読状況を，表示器別に表 6.3 に示します[6-18]．

　(7 → 0)と誤読した後，次に提示された(0 → 0)または(8 → 8)と正読，あるいは(6 → 8)と誤読した2秒後に7が提示されたにもかかわらず，以前提示された(0，6，8)のいずれかの数字が強く印象づけられていたために，それらの数字と類似した0と誤読したのではないかと考えられます．(7 → 6)の誤読は，直前に提示された(6 → 6)の正読や(3 → 6)の誤読が原因していると考えられます．さらに，(3 → 1)の誤読は，直前に提示された(1 → 1)および(7 → 7)の正読や(7 → 1)の誤読が原因していると思われるので，それぞれの発生件数を併記しました．

　3 000 lx の場合の，全誤読数に対する直前に判読された数字の影響による誤読率は，それぞれ緑色発光ダイオード表示器が 0.5 %，蛍光表示管が 2.7 %，ネガタイプ液晶表示器が 6.2 %を示しました．ここで，直前に判読された数字の正読や誤読が次の提示数字に及ぼす影響がネガタイプ液晶表示器に最も多く見られた

表 6.3　直前に判読された数字の認知による誤読状況

誤読状況	直前の判読状況	誤読の発生件数		
		緑色発光ダイオード表示器	蛍光表示管	ネガタイプ液晶表示器
3 → 1	1 → 1	0	10	22
	7 → 7	0	0	1
	7 → 1	0	3	9
7 → 0	0 → 0	0	8	0
	8 → 8	0	0	1
	6 → 8	0	0	2
7 → 6	6 → 6	0	0	1
	3 → 6	2	0	0
計		2	21	36

原因は，他の表示器と比べて提示数字のセグメントの応答時間の遅延にあると考えられます[6-19], [6-20]．

そのほかに，表示面へ照射する光の反射グレアの影響によるランダムな誤読と考えられる($7 \rightarrow 6$)の蛍光表示管の誤読が，3 000 lx における全誤読数の 4.9 % を占めて，正読率の低下に大きい影響を及ぼしています．

6.5 輝度むらと認知時間

132 lx の明室内で，単一パルス電圧を緑色発光ダイオード表示器に加えて瞬時発光させ，提示数字(0 ～ 9)の輝度むらが可読性に及ぼす影響を調べるために，正読率 50 % の提示時間を測定して認知いきとしました．平均 4 回ランダムに提示した数字(0 ～ 9)を 5 名の被験者に判読させ，その結果を図 6.7 に示します．横軸の数字順序を，ほぼ認知いきの順にとって，数字の種類で認知度の違いがわかるようにしました．

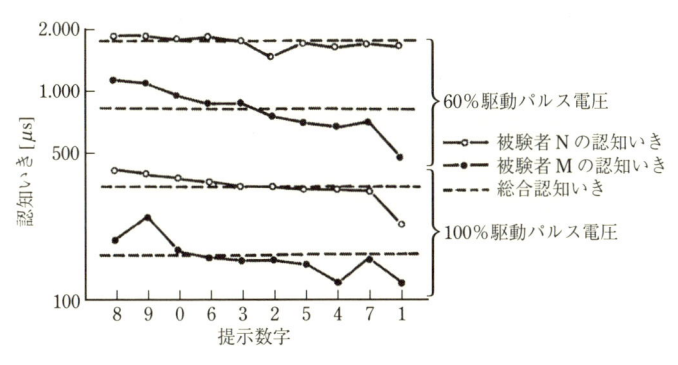

図6.7 緑色発光ダイオード表示器の提示数字に対する認知いき

最後に，輝度むらの可読性への影響を解明するために，提示時間における数字ごとの正読率順位を作成しました．作成した順位群の一致度をケンドール(Kendall)の一致度係数 W，およびその有意性検定量 χ^2 などを用いて検討した結果，定格電圧と等しい 100 % の単一パルス電圧を印加した場合，8 種類の提示時間の順位群について

$$W = 0.76 \qquad \chi^2 = 54.72$$

となり，60 %の単一パルス電圧を印加した場合は，6 種類の提示時間の順位群について，

$$W = 0.85 \qquad \chi^2 = 45.77$$

となりました[6-21], [6-22]．いずれも $P < 0.01$ で十分有意であることから，数字別正読率順位は変わらないので，提示時間に関係なく数字別平均順位も十分有意であるといえます．

数字別平均順位をグラフに表わすと図 6.8 のようになり，数字による視認度の相違が明らかになりました．例えば，8 は全セグメントが発光しているので他の数字と誤読する確率が高いのに対して，1 は発光セグメント数が最小なので他の数字と誤読する確率が非常に低いことが読み取れます．

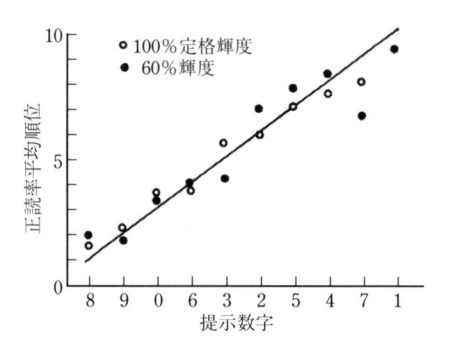

図 6.8 　緑色発光ダイオード表示器の数字別正読率順位

参考文献

[6-1] 田渕義彦,中村肇,松島公嗣：CRT ディスプレイの表示文字と外部反射映像の見え方の主観評価,照明学会誌,71 (2),pp.131～137,1987.

[6-2] 村岡哲也,川村幹也,上迫宏計：ポジタイプ液晶 7 セグメント数字表示器の視認方向角と照射照度による正読率の検討,照明学会誌,72 (6),pp.295～300,1988.

[6-3] 村岡哲也,川村幹也,上迫宏計：ネガタイプ液晶 7 セグメント数字表示器の視認特性について,第 8 回液晶討論会講演予稿集,pp.58～59,1982.

[6-4] 三嶋泰雄,斉藤一朗：発光ダイオードの測光技術,電子計測,2,pp.57～69,1977.

[6-5] 日本工業標準調査会審議：輝度測定方法,JIS-C7614,pp.1～14,日本規格協会,1970.

[6-6] 村岡哲也,川村幹也,上迫宏計：車載用 7 セグメント数字表示器の主観的明るさにおよぼす照射照度の影響,人間工学,24 (4),pp.219～226,1988.

[6-7] 小堀富次雄：照明システム (基礎と応用),pp.15～19,東海大学出版会,1977.

[6-8] 照明学会編：ライティングハンドブック,pp.487～489,オーム社,1987.

[6-9] 大山正：反応時間研究の歴史と現状,人間工学,21 (2),pp.57～64,1986.

[6-10] 樋渡涓二,安田稔,大串健吾,斉藤秀昭：視聴覚情報概論,pp.29～31,昭晃堂,1987.

[6-11] 中根芳一：印刷文字の見易さ及び適正照度に関する研究,建築学会論文集,229,pp.111～120,1975.

[6-12] 樋渡涓二：文字・単語のディスプレイに対する知覚と認知,人間工学,22 (5),pp.269～275,1986.

[6-13] 村岡哲也,川村幹也,上迫宏計：ポジタイプ液晶 7 セグメント数字表示器の視認方向角による可読性について,第 18 回照明学会全国大会講演論文集,pp.91～92,1985.

[6-14] 青木昌治：発光ダイオード,pp.69～72,工業調査会,1977.

[6-15] 成瀬省：ガラス工学,pp.304～306,共立出版,1986.

[6-16] 村岡哲也,川村幹也,上迫宏計：発光表示器とネガタイプ液晶表示器の可読性について,人間工学会第 29 回大会講演集,24,pp.82～83,1988.

[6-17] 伊藤謙治：文字認知過程における視覚的特徴抽出に関する共通因子,人間工学,23 (3),pp.145～154,1987.

[6-18] 和田陽平,大山正,今井省吾：感覚・知覚心理学ハンドブック,pp.74～79,435,誠信書房,1985.

[6-19] 松本正一,角田市良：液晶の最新技術,pp.133～137,工業調査会,1983.

[6-20] テレビジョン学会編：液晶ディスプレイ,pp.105～107,昭晃堂,1985.

[6-21] M. G. Kendall (奥野忠一,大橋靖雄共訳)：多変量解析,pp.81～95,培風館,1984.

[6-22] 河口至商：多変量解析入門 II,pp.105～109,森北出版,1984.

第 7 章
非発光表示器の可読性

7.1 可読性の評価

　多人数で1つの非発光表示器を見る場合，提示数字は様々な角度から認知して可読されます．さらに，四季や昼夜に関係なく使用されるので，非発光表示器の視認方向角と外乱光(照射照度)の映り込みが可読性に及ぼす影響を，以下の2項目を中心に検討します．
　①表示器，視認方向角，照射照度，提示数字などを測定変数として，正読率データに分散分析を施します[7-1]．
　②正読率 50 %および 100 %の左右・上下における視認方向角いき値を求めます[7-2], [7-3]．

ここで，視線に対して表示面の法線が時計方向に回転する場合が左視認方向で，その逆が右視認方向です．さらに，視線に対して表示面の法線が上方向に回転する場合を上視認方向とし，その逆を下視認方向とします．

7.2　1桁の数字の可読性実験

7.2.1　測定方法

　表 7.1 に示すように数字の高さが異なる 3 種類のポジタイプ液晶 7 セグメント数字表示器(No.1～3)の表示面に，水平面上 45°の角度から電球口金形蛍光ランプを光源として，色温度が 5 000 K の光を照射します(図 7.1 参照)．表示面の照度変化は，光路上に挿入した可視域で均一な分光特性を示す白色アクリル板

の透過率と枚数で調整しました．なお，使用した白色アクリル板は，透過率が 30 %，45 %，60 %，80 %，90 % の 5 種類です．人間の目の光刺激に対する簡単反応時間が 0.2 秒以内なので[7-4]，2 秒間隔で 0.1 秒間ずつ数字(0 〜 9)をランダムに提示するようにしました[7-5]．

表 7.1　ポジタイプ液晶 7 セグメント数字表示器の種類

表示器番号	数字の高さ [mm]
No.1	8.9(H) × 4.45(W)
No.2	12.7(H) × 6.35(W)
No.3	17.8(H) × 8.9 (W)

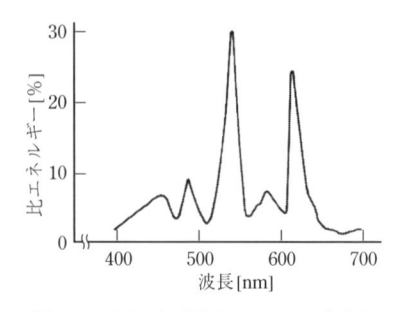

図 7.1　電球口金形蛍光ランプの分光特性

両眼視力が 1.0 以上で，左右の視力差が 0.3 以内の 19 〜 20 歳の学生の中で，体調が良好で,疲労感がない 4 名を被験者として暗室で 35 分間順応させた後[7-6]，図 7.2 に示すように，視角，視認方向角，照射照度一定のもとに，数字(0 〜 9)をそれぞれ 20 回ランダムに計 200 回提示して被験者に判読させました．それを

（口絵参照）

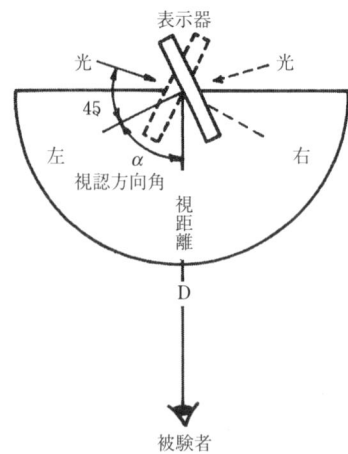

図 7.2　可読性実験図

1セッションとして，所要時間は約10分です．観測中は被験者の視線が変化しないように，顎を台にのせ，さらに額あてを併用して頭部を固定しました．

提示数字の高さや視距離に関係なく，視角によって数字の視認性が決まってくることは既に実証済みなので，本実験に用いる視角を0.5°，0.75°，1.0°，1.25°の4水準とし，視角に対応する視距離は図5.4と式(5.4)から算出しました[7-7]．

左右の視認方向角は38°〜88°間を2°間隔で26水準，上下の視認方向角は2°〜86°間を2°間隔で43水準をとりました．また，表示面照度は3 lx，10 lx，30 lx，100 lx，300 lxの5水準について可読性の予備実験を行った結果，3 lxの場合は表示面が暗すぎて提示数字が判読不能だったので，それを除く10 lx，30 lx，100 lx，300 lxの4水準について可読性実験を実施することにしました．

7.2.2 正読率に影響を及ぼす要因分析

視角，視認方向角の左右，視認方向角および照射照度を変動因子として，表示器を左右方向に傾けて得られた正読率に4元配置分散分析を施した結果を表7.2に示します[7-2]．

変動因子と，それらの交互作用のすべてに，危険率1%で大きい有意差が見られました(付録1参照)．ただし，視認方向角は，可読性実験で誤読が見られた38°〜88°の26水準を適用しました．

表7.2 表示器を左右方向に傾けた場合の正読率に対する4元配置分散分析の結果

変動因	自由度	平方和	平均平方	F 比
視 角 (A)	3	46.18	15.39	13 572**
視認方向角の左右 (B)	1	5.82	5.82	5 133**
視認方向角 (C)	25	407.29	16.29	14 364**
照射照度 (D)	3	95.67	31.89	28 118**
A × B	3	0.48	0.16	142**
A × C	75	20.42	0.27	240**
A × D	9	5.36	0.60	525**
B × C	25	2.88	0.12	102**
B × D	3	1.08	0.36	318**
C × D	75	62.53	0.88	735**
A × B × C	75	5.20	0.07	61**
A × B × D	9	1.55	0.17	152**
A × C × D	225	60.83	0.27	238**
B × C × D	75	7.82	0.10	92**
A × B × C × D	225	15.45	0.07	61**
測定誤差	2 496	2.83	0.001	
全体	3 327	741.40		

つぎに，表示器を上下方向に傾けた場合についても，可読性実験で誤読が見られた $2°\sim 86°$ 間の 43 水準について，4 元配置分散分析を施した結果を**表 7.3** に示します．表示器を左右方向に傾けた場合の分析結果と同様に，変動因子（視角，視認方向角の上下，視認方向角，照射照度）と，それらの交互作用のすべてに危険率 1 ％で大きい有意差が見られました．

ポジタイプ液晶 7 セグメント数字表示器は，広範囲な照度下で使われ，多人数の人々が様々な角度から見ることが予想されるので，有意差が見られた変動因子の中から，特に左右・上下方向の視認方向角と照射照度を取り上げて詳細に検討を進めて行こうと思います．

表 7.3 表示器を上下方向に傾けた場合の正読率に対する 4 元配置分散分析の結果

変動因		自由度	平方和	平均平方	F 比
視　　角	(A)	3	58.76	19.59	30 744**
視認方向角の左右	(B)	1	102.7	102.07	160 229**
視認方向角	(C)	42	240.10	5.72	8 974**
照射照度	(D)	3	37.79	12.60	19 772**
A × B		3	1.96	0.66	1 028**
A × C		126	15.13	0.12	188**
A × D		9	3.27	0.36	570**
B × C		42	43.04	1.03	1 609**
B × D		3	2.63	0.88	1 374**
C × D		126	11.00	0.09	137**
A × B × C		126	30.41	0.24	379**
A × B × D		9	5.69	0.63	993**
A × C × D		378	34.20	0.09	142**
B × C × D		126	15.84	0.13	197**
A × B × C × D		378	41.59	0.11	173**
測定誤差		4 128	2.64	0.001	
全　　体		5 503	646.12		

7.2.3　正読率に影響を及ぼす因子の考察

(1)　低照度における視認方向角と正読率

被験者は，目から送られてきた情報を脳が総合判断して提示数字（0～9）を判読するので，「照射照度が低下し，左右・上下方向の視認方向角が大きくなるにつれて，目から送られてくる情報量が減少し，脳での判断が困難になった後，誤読が増加するのではないか…？」と推測しました[7-8]．そのことを確かめるために，低照度における視認方向角と正読率の関係を調べました．

7.2 1桁の数字の可読性実験

　表示面照度がグレア領域以下であれば，高照度であればあるほど表示器の可読性が良好なことは明白なので，照射照度を可読性の低下が懸念される室内照明（300 lx）以下に限定しました．そして，照射照度と視角別に，左右・上下の視認方向角による正読率の変化を求めた結果を図7.3に示します[7-9]．正読率における左右・上下の視認方向角特性に大きい差違が見られ，視角や照射照度が増加するに従って，視認方向角の大きいほうにグラフが推移しました．そのときの視認

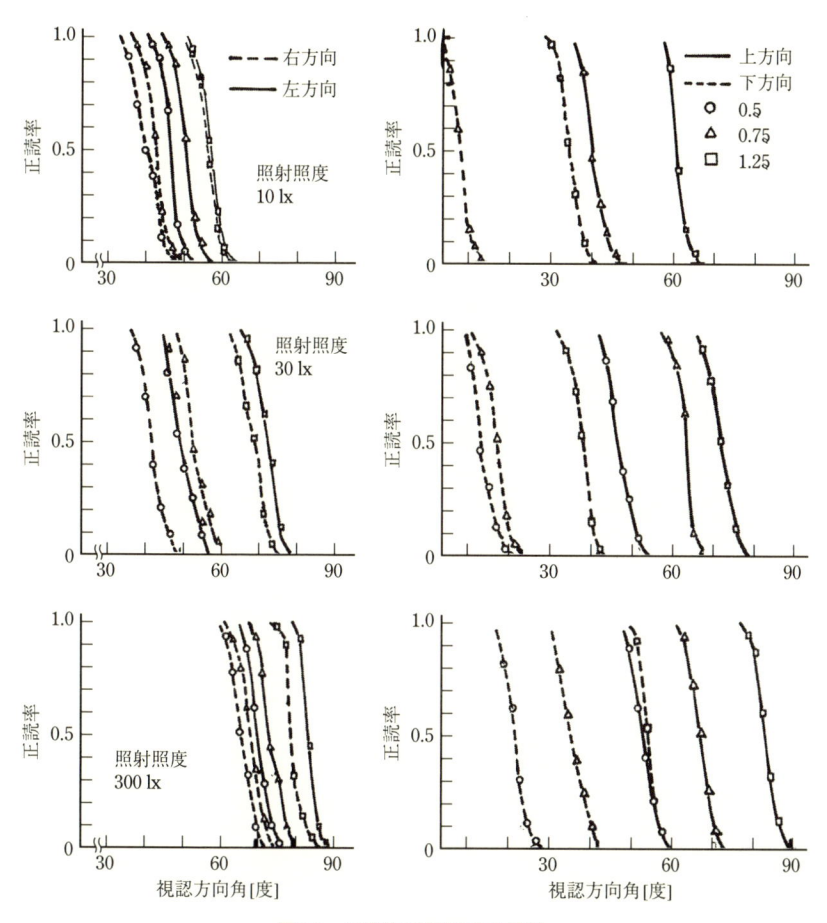

図7.3　正読率の視認方向角特性

方向角の推移量は，視角で左右が 20°，上下が 30°変化し，上下方向が左右方向に比べてかなり大きい値を示しました．また，正読率が 1 から 0 に落ちる左右・上下方向の視認方向角をグラフから読み取ると，両者は共に約 10°でした．

正読率 50 % と 100 % における左右・上下方向の視認方向角いき値を図 7.3 から読み取って，図 7.4 と図 7.5 に示します[7-10], [7-11]．左右方向と上下方向の視認方向角を比較した場合，上下方向が左右方向に比べて小さい値を示しています．

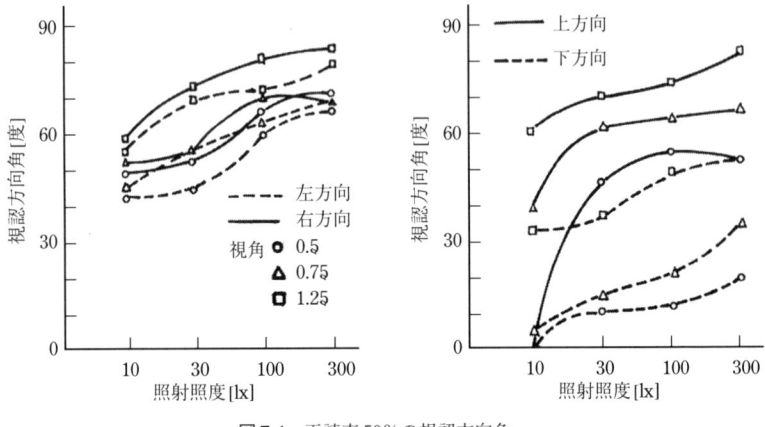

図7.4 正読率 50%の視認方向角

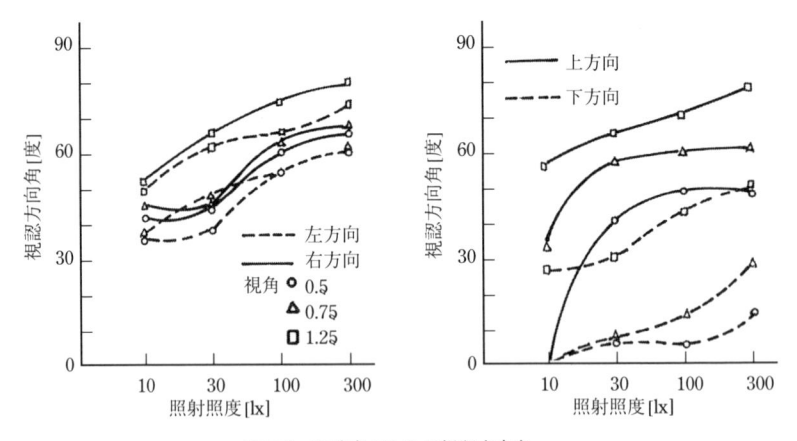

図7.5 正読率 100 %の視認方向角

その理由として，眼球が左右方向に移動しても，上下方向にはほとんど移動しないことがあげられます．つまり，左右方向の傾きで視距離が短いときは，両眼視差(binocular disparity)の関係で視角の大きい方の目が優先的に情報を判読するので，上下方向の傾きのほうが左右方向の傾きより，提示数字の見かけの変形による影響が格段に大きいことがご理解いただけると思います[7-12]．

(2) 提示数字と誤読数字の関係

提示数字(0〜9)を誤読の多い方から順に並べると，左右方向は(8, 9, 0, 5)，上下方向は(8, 7, 3, 0)の順で顕著になりました．誤読のメカニズムを解明するために，左右の視認方向角で特に誤読が多かった(8, 9)と，上下の視認方向角で特に誤読が多かった(3, 8)をそれぞれ選択して，誤読数字と誤読率の関係を図7.6に示しました．

左右の視認方向角では，8の誤読が(0, 3, 6, 9)に集中しているのに対して，9は(3, 4, 5)に集中する傾向が見られました．また，上下の視認方向角では，3の誤読が(1, 7, 9)に集中し，8の誤読は(0, 6, 9)に集中することもわかりました．

特定の数字に誤読が集中する原因は，左右・上下方向の視認方向角が増すことからくる提示数字の変形にあると考えます．すなわち，左右の視認方向角が増加するにつれて，横セグメントである(a, d, g)セグメントの情報量が減少し，次第に横セグメントが見づらくなってくることに加えて，縦セグメントである(b, c)セグメントと(f, e)セグメントが徐々に重なってくるために，セグメント同士の区別がつきづらくなります．その論理を左右方向の提示数字(8, 9)に当てはめると，**表7.4**のようにまとめられます．表からわかるように，(8 → 3)，(8 → 9)，(9 → 8)の左の視認方向による誤読率は70〜80 %を占めていますが，その他は左右ほぼ同数の誤読となりました．

つぎに，上下方向では，視認方向角の増加に伴って縦セグメントである(b, c, e, f)セグメントが見えにくくなってくることと，横セグメントである(a, d, g)セグメントが互いに重なり合って，セグメント同士の区別がつきづらくなることが考えられます．その論理を提示数字(3, 8)に適用すると，上下方向の誤読は，ほぼ同数であることがわかりました(図7.6と**表**7.5参照)．

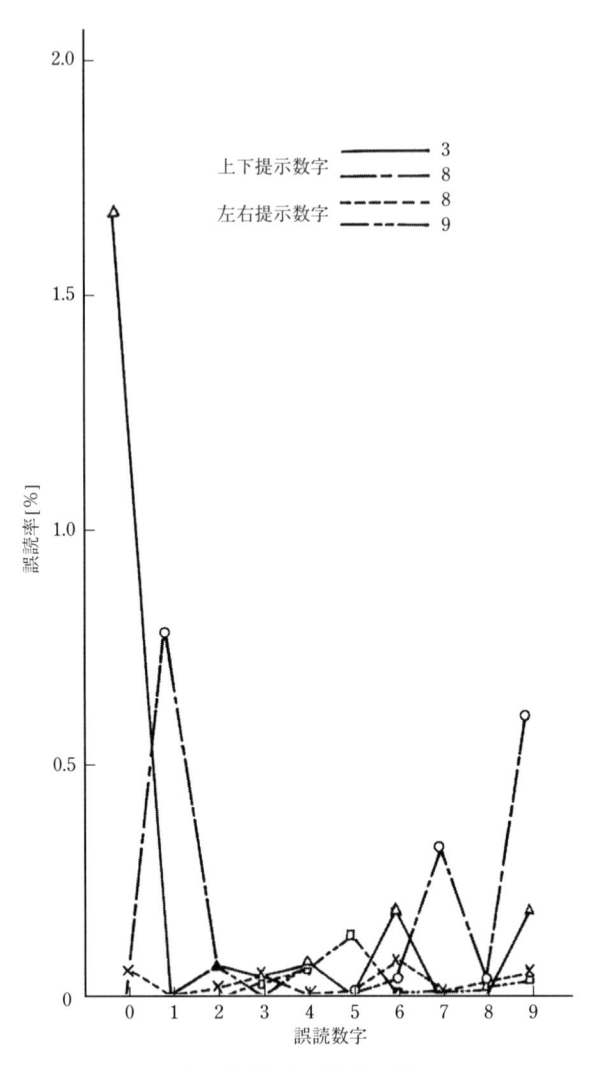

図 7.6 誤読数字と誤読率の関係

7.2　1桁の数字の可読性実験

表 7.4　左右方向の傾きに対する提示数字の誤読原因

提示数字	誤読数字	誤読原因セグメント
8	0	g
	3	bとfの重なり cとeの重なり
	4	a, d cとeの重なり
	6	bとfの重なり
	7	bとfの重なり cとeの重なり d, g
	9	cとeの重なり
9	0	g cとeの重なり
	3	bとfの重なり
	4	cとeの重なり a, d
	5	bとfの重なり
	6	bとfの重なり cとeの重なり
	8	cとeの重なり

表 7.5　上下方向の傾きに対する提示数字の誤読原因

提示数字	誤読数字	誤読原因セグメント
3	1	a, d, gの重なり
	7	a, d, gの重なり
	9	f
8	0	a, d, gの重なり
	2	c, f
	3	e, f
	6	b
	7	a, d, gの重なり e, f
	9	e

7.3 3桁の数字の可読性実験

7.3.1 測定方法と結果

3桁の数字の可読性を調べるために，水平面上45°の角度から色温度が5 000 K(電球口金形蛍光ランプ)の光を，ポジタイプ液晶表示器の表示面に照射します (図7.1参照)．照射照度は，光源から表示器までの光路の長さと，光路上に挿入した白色アクリル板の枚数とで調整します．

両眼視力が1.0以上で，左右の視力差が0.3以内の19～20歳の学生の中で，体調が良好で，疲労感がない5名を被験者として暗室で35分間順応させた後[7-6]，図7.2に示すように，視角，視認方向角，照射照度一定のもとに，3桁の数字を25回ランダムに提示して被験者に判読させました．それを1セッションとして，所用時間は約5分でした．なお，観測中は被験者の視線が変化しないように，顎を台にのせて頭部を固定しました．

測定変数として，視角は2.3°，3.1°，4.6°，9.2°の4水準，左右の視認方向角は58°～88°間を2°間隔で16水準，上下の視認方向角は34°～78°間を2°間隔で23水準，照射照度は10 lx，30 lx，100 lx，300 lxの4水準をそれぞれ採りました．

視角をパラメータとして，照射照度別に得られた左右・上下方向の視認方向角における正読率の変化を図7.7に示します．左右・上下方向は共に，視角や照射照度によって正読率の視認方向角特性に大きい差違が見られ，視角や照射照度の増加と共に，視認方向角の大きいほうにグラフが推移しました．

なお，3桁の数字のうち誤読が最も目立ったのは10位の数でした．その理由としては，

① 1位と100位の数字は3桁の両端に位置し，10位の数字は中間に位置しているために，両者に比べて被験者の視認印象が薄いこと，

② 100位の数字は経験や学習効果により，上位桁から順に認知した後，可読していくという概念推進処理がなされること[7-13]，

③ 1位の数字は3桁の中で最下位に位置し，最後に判読される数字であるがゆえに，100位や10位の数字に比べて可読時間の遅延を視知覚系の注意を

7.3 3桁の数字の可読性実験

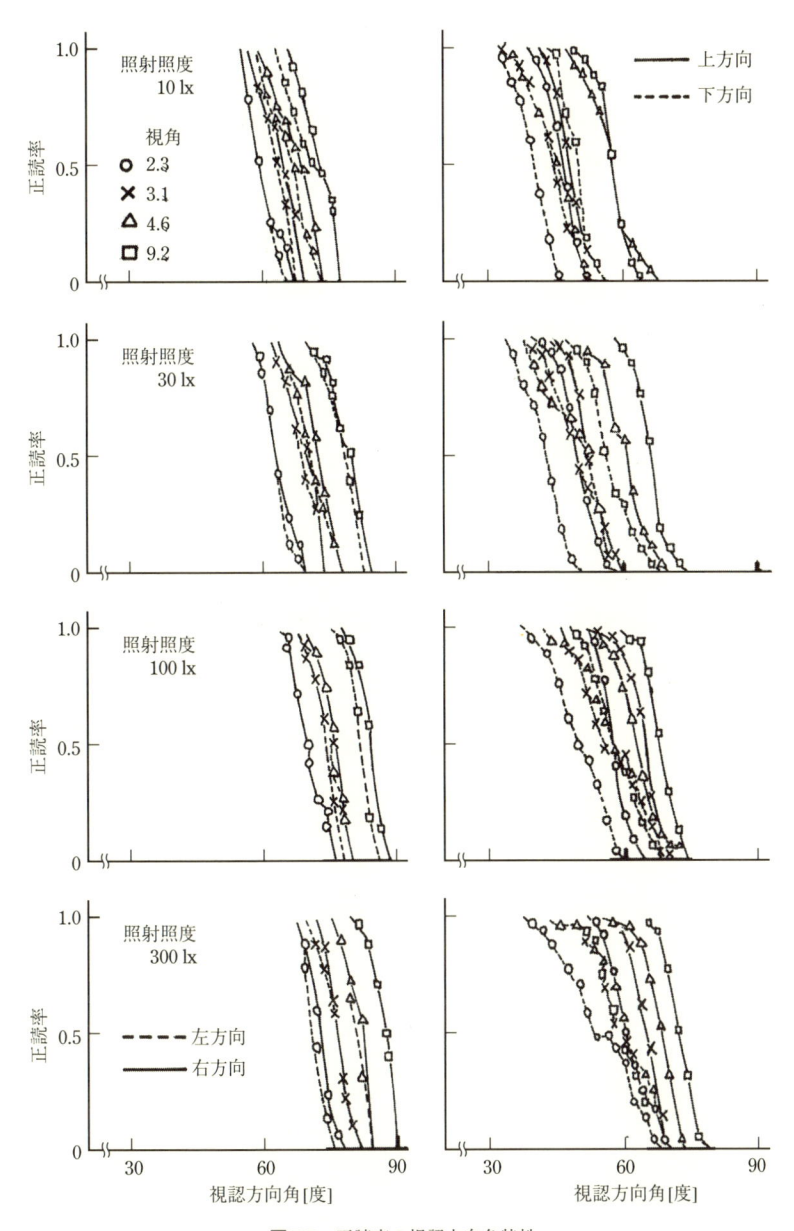

図7.7 正読率の視認方向角特性

最大限に払うことで正確に認知しようとする意識が被験者に強く働くこと，などが考えられます．

7.3.2　正読率に影響を及ぼす要因分析

視角，視認方向角の左右・上下，視認方向角および照射照度などを変動因子として，図 7.7 に示された正読率に 4 元配置分散分析を施しました．

表示器を左右・上下方向に傾けた場合の 4 元配置分散分析の結果を，**表 7.6** と **表 7.7** にそれぞれ示します[7-1]．表 7.6 の場合，視角，視認方向角，照射照度に危険率 1 ％で有意差が見られ，それらの交互作用の一部も危険率 5 ％と 1 ％で有意差が見られました(付録 1 参照)．一方，表 7.7 では，視認方向角の上下と照射照度の交互作用($B \times D$)だけが危険率 5 ％で有意差が見られ，それ以外のすべてに危険率 1 ％で大きい有意差が見られました(付録 1 参照)．

以上，ポジタイプ液晶 7 セグメント数字表示器を左右・上下方向のいずれに傾けた場合も，視角や視認方向角の変化によって可読性に有意差が見られ，さらに外乱光(照射照度)の表示面への映り込みも可読性に大きい影響を及ぼすことが明らかになりました．

表 7.6　表示器を左右方向に傾けた場合の正読率に対する 4 元配置分散分析の結果

変動因	自由度	平方和	平均平方	F 比
視　　角　　(A)	3	125.20	41.74	1 411**
視認方向角の左右 (B)	1	0.02	0.02	1
視認方向角　(C)	15	580.18	38.68	1 308**
照射照度　　(D)	3	121.66	40.55	1 371**
$A \times B$	3	0.28	0.10	3**
$A \times C$	45	46.86	1.04	35**
$A \times D$	9	2.02	0.22	8**
$B \times C$	15	0.17	0.01	0
$B \times D$	3	0.02	0.01	0
$C \times D$	45	41.35	0.92	31**
$A \times B \times C$	45	0.99	0.02	1
$A \times B \times D$	9	0.57	0.06	2*
$A \times C \times D$	135	100.04	0.74	25**
$B \times C \times D$	45	0.56	0.01	0
$A \times B \times C \times D$	135	3.69	0.03	1
測定誤差	4 608	136.28	0.030	
全　　体	5 119	1 159.90		

7.3 3桁の数字の可読性実験

表 7.7 表示器を上下方向に傾けた場合の正読率に対する 4 元配置分散分析の結果

変動因		自由度	平方和	平均平方	F 比
視　角	(A)	3	26.64	8.88	2 435**
視認方向角の左右	(B)	1	23.95	23.95	6 567**
視認方向角	(C)	22	504.02	22.91	6 281**
照射照度	(D)	3	49.48	16.49	4 521**
A × B		3	1.88	0.63	172**
A × C		66	15.55	0.24	65**
A × D		9	3.21	0.36	98**
B × C		22	12.77	0.58	159**
B × D		3	0.02	0.01	2*
C × D		66	34.69	0.53	144**
A × B × C		66	12.13	0.18	50**
A × B × D		9	2.00	0.22	61**
A × C × D		198	18.62	0.09	26**
B × C × D		66	8.45	0.13	35**
A × B × C × D		198	13.34	0.07	18**
測定誤差		6 624	24.16	0.004	
全　体		7 359	750.91		

7.3.3 正読率に影響を及ぼす因子の考察

(1) 照射照度による視認方向角と正読率

正読率が低下する大きい原因の一つに，視認方向角の増加，すなわち表示器を傾けたことからくるセグメントの重なりがあげられます．そのことを証明するために，正読率 50 % と 100 % における左右・上下方向の視認方向角いき値を図 7.7 から求めた結果を，図 7.8 と図 7.9 に示します．左右・上下方向のいずれも

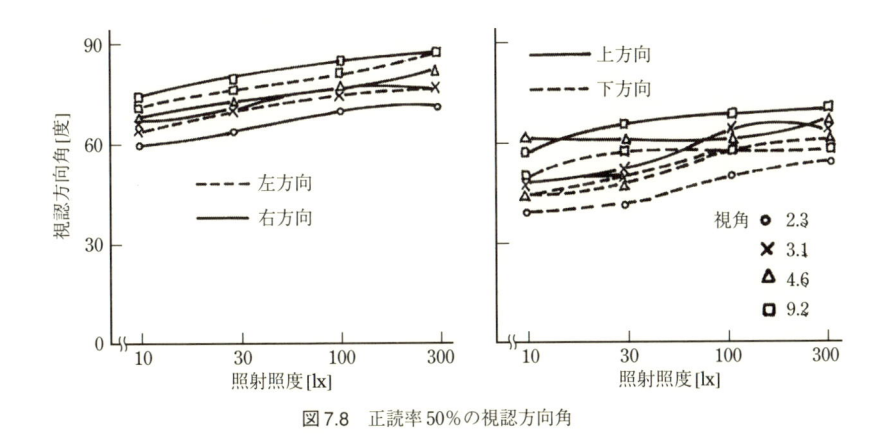

図 7.8　正読率 50 % の視認方向角

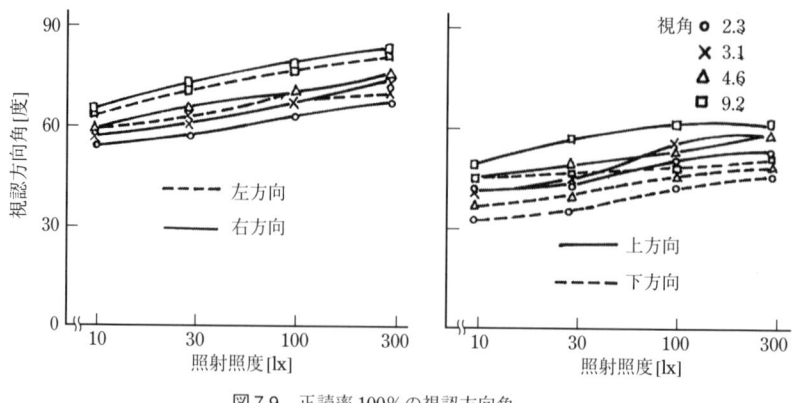

図7.9 正読率100%の視認方向角

照射照度の増加と共に視認方向角が増加するわけですが，視認方向角の左右・上下を比較した場合，上下方向が左右方向に比べて小さい値を示しています．その理由として，提示数字の見かけの変形による判読の困難さが，上下方向の傾きの方が左右方向より大きいこと，および左右方向の傾きに限り，両眼視差の関係で視角が大きくて見やすい方の目で判読することなどがあげられます[7-12]．

(2) 提示数字と誤読数字の関係

3桁の提示数字を誤読の多い方から順に並べると，左右方向の場合，100位は(8, 9, 6, 7)，10位は(8, 9, 6, 7)，1位は(8, 9, 5, 7)の順でそれぞれ顕著になりました．また，上下方向は，100位が(9, 8, 7, 6)，10位が(8, 9, 7, 6)，1位が(8, 9, 7, 1)の順でした．

つぎに，提示数字と誤読数字の関係を解明するために，実験結果から特に誤読の多かった提示数字(8, 9)を，3桁の数の位取り(100位，10位，1位)と左右・上下方向に分類して，図7.10に示します．8が提示されたとき，左右方向の100位では(9, 6, 7, 3)，10位および1位では(0, 9, 6, 4)の順にそれぞれ誤読が集中しており，上下方向の100位では(9, 6, 7, 3)，10位では(0, 6, 9, 3)，1位では(0, 6, 9, 2)の順に誤読が集中しました．

9の場合は，左右の視認方向角の100位が(5, 4, 3, 8)，10位が(4, 8, 5, 3)，1位が(4, 8, 0, 6)にそれぞれ誤読が集中しています．また，上下の視認方向角では，100位が(7, 5, 4, 8)，10位が(3, 4, 5, 8)などに誤読が集中する

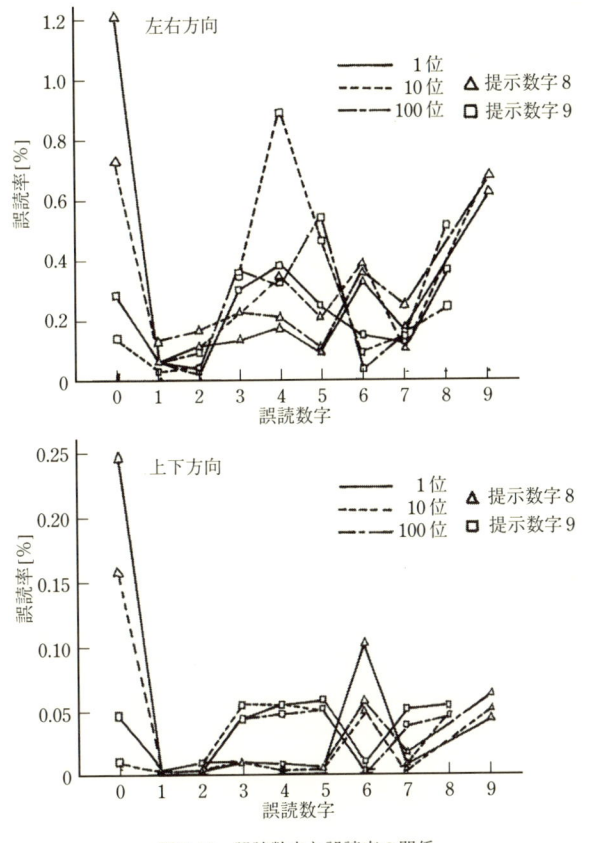

図7.10 誤読数字と誤読率の関係

傾向が見られ,さらに1位の誤読は上位から(4, 5, 8, 7)の順となりました(表7.8参照).

表示器が傾くに従って,(8, 9)などの特定の数字に誤読が集中した理由は,横セグメントあるいは縦セグメント同士がそれぞれ重なり合って,提示数字である(8, 9)が変形することに原因があると思われます.その論点に立てば,当然セグメント数が多くて複雑な数字に誤読が集中する理由が,おわかりいただけると思います.

表 7.8 上下方向の傾きに対する提示数字の誤読原因

提示数字	誤読数字	誤読原因セグメント
9	3	f
	4	a, d, g の重なり
	5	b
	7	a, d, g の重なり
	1	f
	8	e

参考文献

[7-1] 石川馨, 米山高範：分散分析法入門, pp.21〜146, 日科技連, 1983.

[7-2] 小林竜一：パソコンによる統計解析, pp.68〜87, 培風館, 1983.

[7-3] 大山正：心理学研究法 2 (実験 I), pp.58〜69, pp.97〜100, 東京大学出版会, 1980.

[7-4] 大山正：反応時間研究の歴史と現状, 人間工学, 21 (2), pp.57〜64, 1986.

[7-5] 村岡哲也, 川村幹也, 上迫宏計：ポジタイプ液晶 7 セグメント数字表示器の視認方向角と照射照度による正読率の検討, 照明学会誌, 72 (6), pp.295〜300, 1988.

[7-6] 樋渡涓二, 安田稔, 大串健吾, 斉藤秀昭：視聴覚情報概論, pp.29〜31, 昭晃堂, 1987.

[7-7] 中根芳一：印刷文字の見易さ及び適正照度に関する研究, 建築学会論文集, 229, pp.111〜120, 1975.

[7-8] 伊藤謙治：文字認知過程における視覚的特徴抽出に関する共通因子, 人間工学, 23 (3), pp.145〜154, 1987.

[7-9] 照明普及会編：照明の生理・57 問, pp.21〜35, 照明学会, 1978.

[7-10] 川村幹也, 上迫宏計, 村岡哲也：7 セグメント発光表示装置の視認性について, 電気学会計測研究会資料, IM-81-22, pp.21〜30, 1981.

[7-11] 村岡哲也, 川村幹也, 上迫宏計：液晶 7 セグメント数字表示器の視認特性について, 第 7 回液晶討論会講演予稿集, 3U07, pp.16〜17, 1981.

[7-12] 和田陽平, 大山正, 今井省吾：感覚・知覚心理学ハンドブック, pp.74〜79, p.435, 誠

信書房, 1985.
[7-13] 樋渡涓二:文字・単語のディスプレイに対する知覚と認知, 人間工学, 22 (5), pp.269～275, 1986.

第 8 章
視認性の評価方式

8.1 視認性のまとめ

　視認性は，視対象を形状通りに抽出する能力を評価する明視性と，視対象のもつ意味を理解し，読み取る能力を評価する可読性との総称です．そこで，第 5 章「明視性」と第 6 章「発光表示器の可読性」，および第 7 章「非発光表示器の可読性」などの結果から，まず，明視性と可読性の整合性について評価しました[8-1]．
　外乱光(照射照度)の映り込みが発光表示器の明視性に及ぼす影響は，

　　　　　ネガタイプ液晶表示器＞緑色発光ダイオード表示器＞蛍光表示管

の順となり，可読性は

　　　　　蛍光表示管＞ネガタイプ液晶表示器＞緑色発光ダイオード表示器

の順でした．明視性と可読性の結果が異なった理由は，表示器の発光形式の違いが，両者の役割の相違に影響を及ぼしたことによると考えられます．その他，緑色発光ダイオード表示器のピーク波長が，蛍光表示管やネガタイプ液晶表示器に比べて視感度中心に近いことや，蛍光表示管が反射グレアの影響を受けやすいことなども理由にあげられます．
　明視性実験では，外乱光の映り込みが増加するにつれて，輝度対比が小さい表示器のセグメントで色彩変化が観察されます．逆に，輝度対比が大きい場合は，眼球内で散乱された光が網膜の映像に重畳して知覚を妨害した結果，被験者が表

示面に光沢を感じて測定誤差が増大するようです[8-2],[8-3].

可読性実験の場合，外乱光の映り込みによる影響は左右方向に比べて上下方向の方が大きく，視認方向角では逆転しました．その理由として，視認方向角による提示数字($0 \sim 9$)の見かけの形状の変化や，左右方向の傾きでは両眼視差の関係から，見やすい方の目で認知することなどがあげられます[8-4],[8-5].

8.2 視認性の評価方式に関する提案

第5章「明視性」と第6章「発光表示器の可読性」，および第7章「非発光表示器の可読性」の結果から，一般解である「数字表示器における視認性の評価方式」を提案します．

明視性実験と可読性実験の測定変数は，明るさ，輝度または輝度対比，視角，視認方向角，および提示時間などです．また，被験者は，両眼視力が1.0以上で，左右の視力差が0.3以内，体調が良好で疲労感がない30歳以下の健常者とします．

心理物理学実験から得られたデータを棄却するか否かは，脳波計を用いて測定した視知覚系の疲労，および実験前後に測定する視力の低下などから判断します．つまり，心身がリラックスした状態で見られるα波，瞬きをしたときに見られる筋電位，および疲労から眠気を覚えたとき現れるθ波などが検出された実験データは棄却し，特定波形が検出されず，また，視力の低下が見られない実験データを採択します．

表示器を発光表示器と非発光表示器にわけ，まず，発光表示器に区分した緑色発光ダイオード表示器，蛍光表示管，およびネガタイプ液晶表示器などの評価方式について記述します．

①色相の主観的等価波長いきからセグメントごとに色相弁別いきを求めて，各セグメントが，弁別いきの範囲内にあることを確認します．

②緑色発光ダイオード表示器は，セグメントの中心に置かれたGaP半導体ダイスの放射拡散性を調べ，蛍光表示管とネガタイプ液晶表示器は，セグメント部位における輝度分布の均一性を調べます．さらに，セグメント間の輝度のバラツキを表示器ごとに測定し，バラツキが輝度差弁別いきの範囲にある

8.2 視認性の評価方式に関する提案

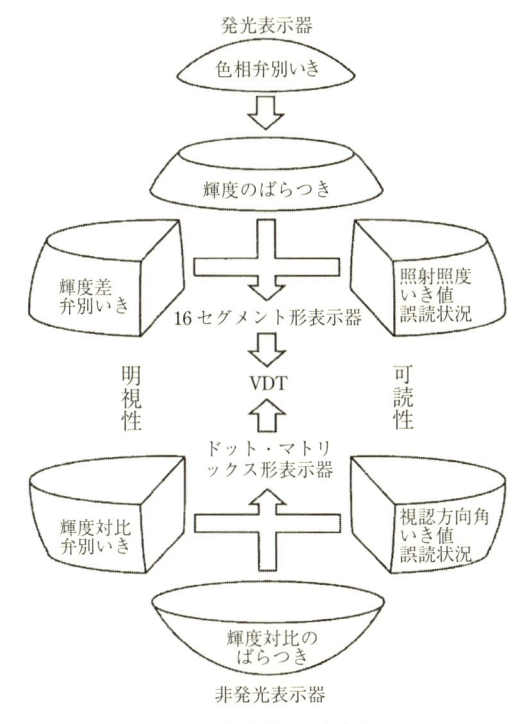

図8.1 視認性の評価方式

ことを確認します．
③照度，背景，視角，視認方向角などの測定変数が見やすさ（明視性）や正読率（可読性）に及ぼす影響については，表示器の種類別に行った分散分析の結果から評価します．
④主観的等価輝度の測定結果から，輝度差弁別いきを求め，表示器の発光セグメントがそれぞれ許容輝度差の範囲内にあることを確認します．
⑤正読率低下の原因となる視認方向角いき値と誤読状況を，提示数字の形状から検討します．

つぎに，非発光表示器であるポジタイプ液晶表示器の評価方式について記述します．
①外乱光の表示面への映り込みと輝度対比の変化を調べ，セグメントごとにバ

ラツキのないことを確認します．

② 表示面の傾きによる輝度の変化と視認方向角によるセグメント輝度対比の変化が，白色紙面に印刷された黒色文字程度の輝度対比を有することを確認します．

③ 主観的輝度対比等価点の測定結果から，輝度対比弁別いきを求めます．

④ 照度，背景，視角，視認方向角などの測定変数が見やすさ（明視性）や正読率（可読性）に及ぼす影響は，分散分析の結果から評価します．

⑤ 正読率低下の原因となる視認方向角いき値と誤読状況を，提示数字の形状から検討します．

発光と非発光に分類した数字表示器における視認性の評価方式の提案に基づいて，「数字表示器から VDT（visual display terminal：表示端末）までの視認性の評価方式」に関する一覧を図 8.1 に示します．

8.3 精神物理学のまとめ

視認性は明視性と可読性の総合評価から決まってきます．明視性は視対象がもつ形状をその通りに抽出する能力で評価され，可読性は視対象がもつ意味を理解して読み取る能力を指します．また，精神物理学は，人間の知覚や認知を数量的な「ものさし」を用いて直接測定するので，測定結果を視対象ごとに比較することができます．例えば，測定された「主観的等価点」，「弁別いき」，および「刺激いき」などを直接比較して視認性を評価できます．

現代心理物理学でよく使われるカテゴリ尺度による主観評価法は，まったく同じ条件で測定した結果以外は，結果同士を同じステージで評価することはできません．両者を評価しようと思えば，それぞれの実験で精神物理学における共通の測定データを取っておくことです．そうすることによって，両者を直接は比較できなくても，共通の測定データを介して，間接的に比較することが可能になります．

参考文献

[8-1] 樋渡涓二：文字・単語のディスプレイに対する知覚と認知，人間工学会誌，22 (5)，pp.269～276，1986.

[8-2] 村岡哲也，川村幹也，上迫宏計：液晶表示数字の見え方の主観評価，第13回液晶討論会講演予稿集，1T07，pp.20～21，1987.

[8-3] 村岡哲也，川村幹也，上迫宏計：ポジタイプ液晶表示器の主観的コントラストにおよぼす照射照度の影響，人間工学会誌，25 (2)，pp.129～133，1989.

[8-4] 村岡哲也，川村幹也，上迫宏計：液晶7セグメント数字表示器の視認特性について，第7回液晶討論会講演予稿集，3U07，pp.16～17，1981.

[8-5] 村岡哲也，川村幹也，上迫宏計：ポジタイプ液晶7セグメント数字表示器の視認方向角と照射照度による正読率の検討，照明学会誌，72 (6)，pp.295～300，1988.

第 9 章
心理物理学

9.1 精神物理学から心理物理学へ

　心理物理学の根幹をなす精神物理学では，複雑な思考の過程を含まない感覚と知覚の刺激対象を，数量的な「ものさし」で直接測定してきました[9-1]～[9-8]．しかし，科学技術の進歩と共に世の中が次第に複雑になって，これまでの単純な感覚と知覚を数量的な「ものさし」では，次第に困難さが目立ってくるようになりました．そこで登場するのが，カテゴリ尺度を用いた認知に基づく新しい評価法です[9-9]～[9-11]．

　現代心理物理学では，当然のごとく使われる評価法ですが，カテゴリ尺度による主観評価法を広く研究・開発に応用する場合は，必ず共通の「ものさし」となる精神物理学測定データもいっしょに取っておいてください．そうすれば精神物理学測定データ同士を比較対照することで，カテゴリ尺度評価で得られた測定データ同士も間接的ではありますが，相互に比較して評価することができます．

　本書は五感(視覚・聴覚・触覚・嗅覚・味覚)の中から視覚を取り上げ，様々な実験手法やデータ解析法を実例に基づいて解説しています．根幹をなす基礎編の精神物理学的測定法は，第2～8章の中ですでに説明済みです．第9章以降は，応用編の現代心理物理学で多用されるカテゴリの尺度評価や得られたデータの校正について記述することは勿論のこと，実験対象に眼精疲労の評価と回復を取り上げて，データ処理で頻繁に使われる統計処理法についても説明を加えます．

9.2 カテゴリ評価の尺度とものさし

視感覚計測におけるカテゴリ評価の尺度は物理量の国際単位系(SI単位系：Systeme International d'Unites)に該当し，被験者が計量器に該当します．視感覚計測には避けて通れない大きな問題が1つあります．それはSI単位系のように絶対量ではないので，測定データ同士の相互比較ができないことです．例えば，秤は重さを量る前に，国際度量衡局(1875年のメートル条約に基づいて，フランスのセーブルに設立された国際機関)が保管している「国際キログラム原器」に準拠した基準分銅を用いて秤の精度を較正(calibration)するのに対して，視感覚計測では秤のメモリが，被験者のカテゴリ評価の尺度に該当し，基準分銅による較正精度が，詳細な選定基準をパスした後の被験者相互の個人差に相当します．正確な評価結果を得るためには，視感覚計測における被験者の選択基準を，秤量の物理較正のごとく正確にする必要があります[9-9]~[9-11]．両者の関係を対比形式で表9.1に示します．

表9.1 秤量と視感覚計測の関係

目的	秤量	視感覚計測
測定器	秤	被験者(人間)
較正対象	精度	個人差(個体差)
較正基準	基準分銅	知識と学習能力が同程度であること 健康体で疲労感がないこと 30歳以下 両眼視力が1.0以上，左右の視力差が0.3以内 眼位正常 調節近点が8 cm前後であること 色覚正常(色弱や色盲でないこと)

視感覚計測では被験者が計量器となるので，被験者の個人差によるランダムな測定誤差が精度を低下させます．個人差によるランダムな測定誤差をできるだけ小さくするためには，詳細な選択基準を設けなければなりません[9-12]．さらに，恒常誤差については，測定データが増加する方向と減少する方向の2方向について，少なくとも100人ぐらいの被験者の測定データの採取が望まれます．実

用化は，誤差との関係から多くの測定データを必要としますが，研究成果は，方向性が明示できるようであれば，もっと少ないデータ数で報告しても差し支えないでしょう．

9.3 評価尺度に対するカテゴリ表現

視感覚は単位が存在しないので，数量化できません．しかし，数量化しなければ科学技術に応用できません．数量化の最良の方法として，数字表示器の視認性にカテゴリ評価の尺度を適用した例を紹介します[9-9]～[9-11]．なお，評価尺度に対するカテゴリ表現は，被験者の理解度を同一にするために，誰でもが同じ理解に立てる平易な言葉が求められます[9-12]．

① 2段階の評価尺度に対するカテゴリ表現
　「提示数字」が (1) 見づらい，(2) 見やすい．
② 3段階の評価尺度に対するカテゴリ表現
　「提示数字」が (1) 見づらい，(2) 普通，(3) 見やすい．
③ 5段階の評価尺度に対するカテゴリ表現
　「提示数字」が (1) 非常に見づらい，(2) 見づらい，(3) 普通，(4) 見やすい，(5) 非常に見やすい．

上記の3例の中では，①のみカテゴリ評価の尺度が偶数個で，②と③が奇数個になっています．①のYES，NOの評価は一番単純な判断基準で，異論の余地はありません．②は，その間に1項目のカテゴリを入れて3段階評価とし，③は，②の項目の間にさらに1項目ずつ入れて5段階評価としています．「②も③も，カテゴリ尺度の両端と真ん中，すなわち0，50％，100％を押さえた上での評価方式」となっていることに，お気づきになられたかと思いますが，50％の値がピークを示す左右対称の正規分布曲線が理想です．その理由として，人間はYES，NOの評価以外では，両端と真ん中を押さえ，次々とその間を埋めていく方法でなければ，それぞれのカテゴリを等間隔に，その位置関係を脳の中で明確に思い描くことは困難です．したがって，本法を順守しなければ，適切な評価結果は得られません[9-12]．

両端と真ん中を押さえた上で決めていくカテゴリ評価の尺度理論からいえば，5 段階評価の次は 9 段階評価ということになります．しかし，これまでいろいろな研究でカテゴリ評価の尺度を用いて測定してきた経験からいえば，カテゴリ尺度評価の限界は 5 段階といえるでしょう．それ以上の尺度になると，カテゴリ評価における尺度の等間隔連続性が保持できなくなって，精度が急激に低下します．

また，5 段階評価であっても，評価結果の一部がプラス側とマイナス側のどちらかにシフトして，等間隔にならない場合がしばしばあります．そのときは，「すべてのデータが正規分布する」という原点に立ち帰って，シフトしたデータを正規分布するように補正してください．測定データがシフトして等間隔にならなかった原因として，カテゴリ表現の貧困さのために，被験者が意識の中で区間を均等に配分できなかったことが考えられます．また，補正も 5 段階中で 1 項目のデータがシフトした場合に適用されることであって，2 項目以上のデータがシフトすると 5 項目のデータの信頼性自体が低下し，信憑性そのものが揺らぐので，評価尺度に対するカテゴリ表現を検討し直して，再実験することをお勧めします．

9.4 統計手法の導入

9.4.1 測定誤差

ある特性を抽出するために負荷実験を課したとき，特性が顕著に現れた場合には，正しい負荷が被験者にかかっていると評価します．しかし，期待した特性が現れなかったり，出現率が僅かであったり，あるいは抽出された特性が正規分布しなかったような場合には，被験者に対する負荷のかけ方が間違っていると理解してください．まず，「心理物理学実験から得られる測定データは，正規分布するんだ」という根本原則を頭にたたき込んでおくことが重要です．

負荷実験で特性抽出にバラツキが生じる原因としては，以下の 2 項目が考えられます．

①特性抽出に影響を及ぼす水準間のバラツキ，すなわち因子間変動からの影響です．

②実験の繰り返し誤差が，測定データのバラツキに影響を及ぼしている．すな

わち，誤差変動は，「ものさし」の許容誤差に関係し，「ものさし」の精度が問われます．

誤差が特定方向とある範囲のバラツキをもって現れるとき，それを系統誤差と呼びます．その系統誤差に対して，同じ条件で，同じ測定をしてもバラツキの方向が一様でなく，予測できない誤差を偶発誤差と呼び，その信頼性を調べるために統計手法が使われます[9-13]〜[9-17]．

同じ条件で，同じ測定を n 回繰り返して求めた測定データ x_i から平均値 (mean) $\bar{x}$ を算出すると，

$$\bar{x} = \frac{1}{n}\sum_{i=1}^{n} x_i \quad\cdots\cdots\cdots\cdots\cdots\cdots\cdots\cdots\cdots\cdots\cdots\cdots\cdots\cdots (9.1)$$

となり，その偏差平方和(sum of squares) s は式 (9.2) で与えられます．

$$s = \sum_{i=1}^{n}(x_i - \bar{x})^2 \quad\cdots\cdots\cdots\cdots\cdots\cdots\cdots\cdots\cdots\cdots\cdots (9.2)$$

s はデータ数が多くなると，バラツキの差が見分けづらくなるので，偏差平方和の平均値である分散(variance) v を式 (9.3) から求めます．

$$v = \frac{1}{n}\sum_{i=1}^{n}(x_i - \bar{x})^2 \quad\cdots\cdots\cdots\cdots\cdots\cdots\cdots\cdots\cdots\cdots (9.3)$$

しかし，統計学は無限の測定データについて，平均値の信頼性を検討しているわけですから，式 (9.2) の偏差平方和を自由度(degree of freedom) $n-1$ で除して平均平方(mean square, 不偏分散とも呼ぶ) m を式 (9.4) から求める方が実用的です．

$$m = \frac{1}{n-1}\sum_{i=1}^{n}(x_i - \bar{x})^2 \quad\cdots\cdots\cdots\cdots\cdots\cdots\cdots\cdots (9.4)$$

つぎに，測定平均値 $\bar{x}$ が真の平均値 μ からどれだけ差があるかということを式 (9.5) から求めます．式 (9.5) における t の母集団が正規分布し，$|t| \geq t_\alpha$ の区間に存在する確率が α となる t 値を付録 2 の t-分布表にまとめました．

$$t = \frac{\bar{x} - \mu}{s / n^{1/2}} \quad \cdots\cdots\cdots\cdots\cdots\cdots\cdots\cdots\cdots\cdots\cdots\cdots\cdots \quad (9.5)$$

$|t| \geq t_\alpha$ の区間に存在する確率が α ならば，$|t| \leq t_\alpha$ の区間に存在する確率は $1-\alpha$ となるので，その論理を適用して式 (9.5) を書き換えると，式 (9.6) が得られます．

$$|\bar{x} - \mu| \leq s / n^{1/2} t_\alpha \quad \cdots\cdots\cdots\cdots\cdots\cdots\cdots\cdots\cdots\cdots\cdots \quad (9.6)$$

$\bar{x}$ に対して，式 (9.6) の $s/n^{1/2} t_\alpha$ は危険率 α の信頼区間を表します．いいかえれば，信頼度 $(1-\alpha)$ で，真の平均値 μ が式 (9.7) の区間内に存在することになります．

$$\bar{x} - s / n^{1/2} t_\alpha \leq \mu \leq \bar{x} + s / n^{1/2} t_\alpha \quad \cdots\cdots\cdots\cdots\cdots\cdots \quad (9.7)$$

9.4.2 測定データ平均と 95％信頼区間

繰り返しデータ群の測定データ平均と式 (5.5) から求めた 95％信頼区間 *CL* をグラフにプロットした後，信頼性の評価をします（図 9.1 参照）．95％信頼区間では，測定データ平均からの区間幅が狭ければ狭いほど繰り返し測定データのバラツキが少なく，高信頼性につながります[9-15]．繰り返しデータに信頼性があると評価されれば，それらの測定データを関数で表現してください．そうしなければ，産業応用には結びつきません．

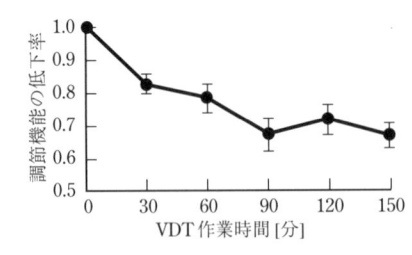

図9.1 測定データ平均と95％信頼区間

9.4.3 最小 2 乗法

多数の測定データを用いて真値に対する近似式（実験式）を推定する統計手法の一つとして，最小 2 乗法がよく使われます．実際には〔測定データ〕−〔真値〕から得られる誤差の平方和が最小となる関数に回帰して，真値に対する近似式（実験式）を求めます[9-18], [9-19]．

9.4.4 F-検定

F-検定とは，測定データ間のバラツキ状態が等しいか否かを検定するものです．測定データの変動を，因子や繰り返し誤差などの要因にわけて，因子効果を調べるときに使います．実験で得られた測定データのすべてがもっているバラツキを総変動，水準を変えたために生じる測定データのバラツキを因子間変動，および同じ測定を繰り返すことによるバラツキを誤差変動と呼びます．因子間変動と誤差変動は式 (9.2) ～ (9.4) までを使って得ることができます．

因子効果は，水準を変えて得られた因子のバラツキを誤差と比較して検定します．つまり，水準を変えたことによる影響度は，因子間変動と誤差変動を比較して検定します（付録 1 参照）[9-20]．

9.4.5 t-検定

2 組の測定データの間に差があるか否か，すなわち，2 組の測定データのルーツが同一母集団に属するか否かを検定します．$\mu = 0$ と仮定して，測定データを式 (9.5) に代入し，得られた結果と付録 2 を比較して検定します．

参考文献

[9-1]　J. P. Guilford (秋重義治訳)：精神測定法，pp.27～56，培風館，1976．
[9-2]　大山正：心理学研究法 2 (実験 I)，pp.39～96，東京大学出版会，1980．
[9-3]　村岡哲也，川村幹也，上迫宏計：車載用 7 セグメント数字表示器の主観的明るさにおよぼす照射照度の影響，人間工学，24 (4)，pp.219～226，1988．
[9-4]　田渕義彦，中村肇，松島公嗣：CRT ディスプレイの表示文字と外部反射映像の見え方の主観評価，照明学会誌，71 (2)，pp.131～137，1987．
[9-5]　村岡哲也，川村幹也，上迫宏計：ポジタイプ液晶表示器の主観的コントラストにおよぼす照射照度の影響，人間工学，25 (2)，pp.129～133，1989．

[9-6] 和田陽平，大山正，今井省吾：感覚・知覚心理学ハンドブック，pp.39～54，誠信書房，1985
[9-7] 重松征史，菅野義之：視覚神経系の変換関数に基づく明度尺度，照明学会誌，40 (6)，pp.268～272，1986．
[9-8] 田崎京二，大山正，樋渡涓二：視覚情報処理，pp.137～138，朝倉書店，1986．
[9-9] T. Muraoka, N. Nakashima, S. Mizushina, H. Ikeda, Y. Shimodaira：Subjective Evaluation of Physiological Fatigue in Video Data Terminal Operation, Proceedings of Image Processing, Image Quality, Image apture, System Conference (The 51st Annual Conference), pp.266～270, (May) Portland, U.S.A., 1998.
[9-10] T. Muraoka, N. Nakashima, A. Takagi, M. Endo：Recovery of Visual Strain during VDT Work, Proceedings of the 13th Korea Automatic Control Conference, International Session papers, pp.380～385, (October) Pusan, Korea, 1998.
[9-11] T. Muraoka, N. Nakashima, H. Ikeda, Y. Ishizaki：Subjective Evaluation for Recovery from Visual Strain in Video Data Terminal Operation, How to Recover fromVisual Strain in VDT Operation, Proceedings of the 14th Korea Automatic Control Conference, International Session papers, pp.189～193, (October) Yong-In, Korea, 1999.
[9-12] 村岡哲也：ものつくり革命，pp.22～26，技報堂出版，2004．
[9-13] 田口玄一：第3版実験計画法 (上)，pp.1～528，丸善，1984．
[9-14] 田口玄一：第3版実験計画法 (下)，pp.529～1095，丸善，1986．
[9-15] 増山元三郎：統計解析手順集，pp.1～113，日科技連，1983．
[9-16] 川村幹也：電子計測の基礎と応用，pp.68～87，アルム出版，1982．
[9-17] G. W. Snedecor, W. G. Cochran (畑村又好，奥野忠一，津村善郎共訳)：統計的方法 (第6版)，pp.57～59，岩波書店，1981．
[9-18] 小林竜一：パソコンによる統計解析，pp.68～87，培風館，1983．
[9-19] 古林隆：統計解析，pp.135～138，培風館，1983．
[9-20] 石川馨，米山高範：分散分析法入門，pp.7～14，日科技連，1983．

第10章
眼精疲労の評価

10.1 眼精疲労

10.1.1 眼精疲労の定義

　眼部に入力された情報は，中枢神経系を経由して脳に伝送されます．その情報を脳が価値判断した後，有用な情報であれば，長期記憶として脳のメモリ中にストアされます．また，ハイレベルにグレードアップした情報であれば，その部分がストアされている情報に上書きされて，内容が高密度にレベルアップします．
　入力情報の内容が格調高く，高密度であればあるほど脳にストアされている過去の情報と比較処理する際の精神的負担が大きくなるので，脳を含めた身体の入力・伝送・処理系のすべてに疲労が出現して，はなはだ複雑な様相を呈します．そのため，VDT(visual display terminal：表示端末)作業における眼精疲労の問題は，評価を脳の視覚センサである眼部だけに限定しないで，眼部から脳までの視知覚系器官のすべてを評価対象とするべきです．
　疲労は「器官または全身が働いた結果，その労働が低下する現象」と定義されるので，ここではその定義に基づいて，全身を眼部，頭脳，その他に分類して，それぞれ部位ごとの機能の低下における測定データと，疲労感のカテゴリ尺度による評価結果とから疲労を解析しようと考えています[10-1]．
　「もう一つ，仕事(作業能率)という最重要ファクタを忘れてはいませんか！」とおっしゃる方もおられるかもしれません．しかし，疲労で仕事の能率が低下することはほとんどありません．なぜなら，仕事中に疲労を感じると，仕事の遂行に支障をきたし同僚や組織に多大な迷惑をかけることになるため，疲労感は無意識

のうちに自己抑制されてしまいます.

　筋肉疲労は，筋肉の硬化度を測定することで簡単にデータが得られます.ところが，精神疲労は労働者が個々に感じとる主観的要素が強いため，その複雑なメカニズムを解明することは困難です．しかし，たとえ精神疲労が主観的であっても，それが明確な事象であることは事実なので，自覚症状から様々な疲労を，下記の3通りに分類しました.

　①活力の低下(眠気やだるさ)：主観的な精神疲労
　②気力の低下(集中できない)：主観的な精神疲労
　③部分的な身体の違和感(首筋のこり，肩こり，腰痛など)：物理的な筋肉疲労

　この3通りの自覚症状を，労働形態から知的労働者，工場で製造に携わる生産系技術者，および肉体労働者にあてはめ，労働における疲労の訴え方の推移を示すと，

　　知的労働者　　：①→②→③
　　生産系技術者：①→③→②
　　肉体労働者　　：③→①→②

のようになると思います.

　VDT作業者は上記の中で知的労働者に該当しますが，VDT作業者の疲労の訴え方の推移を労働形態や労働環境から検討すると，VDT作業は③の物理的な筋肉疲労を伴う労働現場よりも，①や②の主観的な抑圧感が極めて強い知的なデスクワークが主流であることがわかります.

　VDT作業のような知的労働を念頭に，労働による疲労を検討すると次の3通りに分けられます.

　①急　性　疲　労：VDT作業中に疲労を感じたとき，コーヒーブレイク程度の休息を取ることで回復します.
　②日周性疲労：一日のVDT作業の疲労が十分な睡眠をとることですっかり回復し，翌朝，自然に労働意欲が湧いてきます.
　③蓄　積　疲　労：前日のVDT作業の疲労が翌朝まで残存し，残存した分が日を重ねるごとに蓄積していきます.

　人間の目は近くを見たり，遠くを見たり，絶えず視距離を変えることで毛様体筋が伸縮し，水晶体(レンズ)を厚くしたり，薄くしたりしてピント合わせを繰り

返しています（図 10.1 参照）．しかし，長時間，視距離一定で VDT 作業をすると，毛様体筋の伸縮活動が停止したまま緊張が続くので，やがて，毛様体筋が固化し，ピント合わせの調節機能が低下します．さらに，瞬きも少なくなって，ドライアイの症状を呈するだけでなく，VDT 作業による負荷のために眼に違和感を覚えたり，眼の奥が痛くなったりします．

VDT を注視することからくる眼精疲労は，コンピュータを扱う人ならだれでも感じる症状です．物理的な筋肉疲労に比べて主観的な精神疲労の占める割合が大きく，放っておくと心理的抑圧感から徐々に疲労が蓄積して，それに深刻な悩みが付加すると，心身症に移行する場合があります．心身症になると，それは病気ですから，回復までに長期間の入院と専門医の治療が必要になってきます．しかし，日常の自己管理さえ怠らなければ，日周性疲労の範囲を維持し，意欲的で活力ある毎日を過ごすことができるのです．

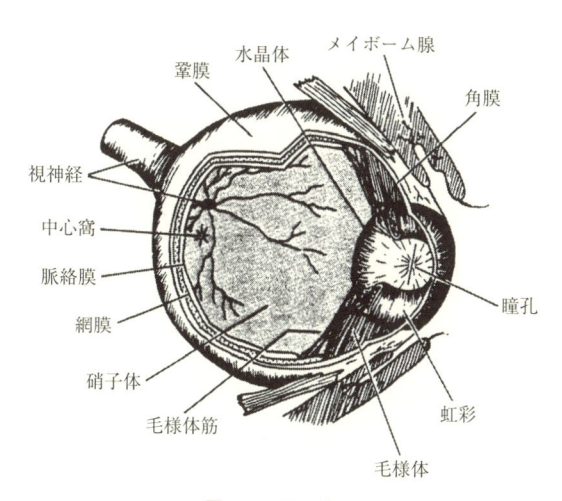

図 10.1 眼の構造

10.1.2 疲労の測定と評価

就労中に発生した眼精疲労に回復処置を施して日周性疲労の範囲が維持できるように，視機能の低下の測定，脈圧や心拍数の測定，およびカテゴリ尺度の評価結果などから総合的に評価する必要があります[10-2]～[10-5]．総合的な評価結果か

ら日周性疲労の範囲にとどめるための休息の指標と，休息に至るVDT作業時間を求めることができれば，就労に対する自己管理体制が整います[10-6]．

10.2 視機能の低下と生理変化

視機能は，網膜に始まり，視神経を経て視中枢に至る視感覚系と，調節機能，眼球運動，瞳孔運動など筋肉によって営まれる視器運動系の2種類に分類されます．2種類の機能が低下することなく，調和しながら機能している間は視対象が鮮明に見えますが，疲労すると，視感覚系と視器運動系の2種類の機能のバランスが崩れるだけでなく，両者の機能そのものが急激に低下して，視対象がぼやけて見えるようになります．視機能の低下について，既にわかっていることを下記に示します．

①視感覚系機能の測定方法が複雑であるのに対して，得られる測定結果が曖昧すぎます．

②毛様体筋の伸縮によって，水晶体(レンズ)の屈折状態を変化させて網膜上に鮮明な像を映し出すので，視器運動系の機能は，比較的簡単に測定することができます．

VDT作業を長時間続けると，緊張から次第に眼の瞬きの回数が少なくなって，眼球の露光面積が拡大します．その結果，VDT作業者は眼精疲労をおぼえて，眼の乾きと痛みを訴えるようになります．

10.2.1 視感覚系の機能の低下

視感覚系の機能を低下させる要因として，VDT画面上で反射した外乱光が網膜の映像に重畳してまぶしさを感じるグレアや，画面のちらつきなどがあげられます．それを調べるには，フリッカや視力の測定が有効であるといわれています．

(1) フリッカ値の測定

フリッカ値の測定には，

①高周波数から低周波数に向かって光の点滅速度を低下させて，ちらつきが見え始める周波数を測定する方法

と，

②低周波数から高周波数に向かって光の点滅速度を増加させて，ちらつきが見えなくなる周波数を測定する方法

の2通りがあります．

②のちらつきが見えなくなる周波数を測定する方法は，通常，点滅速度が20〜60 Hzの範囲で，光の点滅を感じない高周波数から点滅を感じ始める低周波数に向かって低下させる方法が使われます[10-7]〜[10-9]．低周波数から高周波数に向かって逆方向に測定すると，測定のたびに，前の測定結果の影響を受けてちらつきの限界周波数が上限に向かって変化するので，本法が使われることはありません．

フリッカ値の測定は，中枢神経系の疲労のインジケータとして有効であっても，視器の疲労を調べることはできないので，情報の導入部である視器の疲労を調べる場合は，別の測定方法を検討する必要があります[10-8], [10-9]．

(2) 視力の測定

視力の低下を調べる方法として，「5 m視力検査」[10-10]，「乱視検査」[10-11]，「立体視検査」[10-12]，「眼位検査」[10-13]，「遠視検査」[10-14]などが知られています．その他に，VDT作業だけを想定した視距離50 cmで測定する「VDT視力検査」があります．しかし，以下に記述する2項目の問題から，視力検査で眼精疲労を解明することは困難であると結論づけました．

①眼を細めて焦点深度を変化させると，それによって視力が大きく変化します．眼の焦点深度にかかわるレンズ系の屈折力を表す単位 D はディオプター (diopter) と呼ばれています．屈折率 n の媒質中にあるレンズの焦点距離を f とすると，D は式 (10.1) で与えられます[10-15]．

$$D = n/f \quad \cdots\cdots\cdots\cdots\cdots\cdots\cdots\cdots\cdots\cdots\cdots\cdots\cdots (10.1)$$

②ランドルト環の切れ目が見えたという判断基準自体が曖昧で，見る人によって大きく変化し，正確な結果はなかなか得られません．

10.2.2 視器運動系の機能の低下

視器運動系の機能の低下を調べる方法として，①近点距離，②近点調節時間，③調節持続時間測定がよく知られています[10-14]．

水晶体の屈光状態を最大にして，視対象を明視しうる眼前の最近距離を近点距離と呼び，遠方にある視対象を明視している状態から，近距離にある視対象に焦点を移すとき，弛緩している調節状態を緊張させるのに要する時間を近点調節時間と呼びます．また，調節近点上の視対象を明視し続けて破綻をきたすまでの時間を調節持続時間と呼んでいます．

最初に，電動式近点測定器を用いて近点距離を測定し，次に，近点調節時間と調節持続時間を測定します．近点調節時間の測定には，遠距離視標を注視している被験者の眼前に近距離視標を露出し，その露出の瞬間から近距離視標の明視の瞬間までの時間を計測する方法と，半透明鏡を応用し，遠距離視標と近距離視標との照明を切り替えて，遠距離から近距離へ調節の変換を行わせる方法とがあります．

調節持続時間の測定は，被験者の調節近点に視標をおき，測定前に10秒ぐらい閉眼し，被験者が合図をだして開眼した後，視標を凝視し始めると測定者はストップ・ウオッチを始動させて，被験者が調節維持の破綻をきたす合図を送るまでの時間を測定します．

以上3項目の測定の中では，近点調節時間の測定が最もデータの信頼性が高いといわれています．

10.2.3 生理変化の測定

アレン(Alan G. Knapp)とアルン(Arun Garg)は，VDT作業者の心理的・身体的な訴えと作業能率との関係，および疲労と視覚ストレスとの関係などについて検討しました．10分間の休憩をはさむ45分間ずつ2回の作業で，作業能率の低下は認められなかったにもかかわらず，心理的・身体的な訴えは作業時間の経過と共に増加したと報告しています[10-2], [10-16]．その内容分析結果を踏まえて，著者は，身体的な訴えの1つである生理変化を脈圧と心拍数の測定結果から評価することにしました．

10.2.4 視機能の低下と生理変化の測定結果

負荷実験後に測定した視感覚系(VDT視力，眼位，フリッカ値)と視器運動系(近点距離)の機能の低下値から「眼精疲労」を評価し，生理変化(脈圧，心拍数)

の測定結果から「身体疲労」を評価しようと思います．

負荷実験の前に被験者のVDT視力[10-10]，乱視[10-11]，立体視[10-12]，眼位[10-13]，フリッカ値[10-8]などを測定し，視感覚系に異常がないことを確かめておきます．なぜなら，乱視，立体視，眼位などに異常があると左右の眼に均等に負荷がかからなくなるからです．視器運動系の近点距離[10-14]についても同様で，負荷実験前の測定で，調節近点の距離が8 cm前後であれば正常と見なされて被験者になれますが，10 cm以上になると遠視と診断されるので，被験者から除外します．

両眼視力が1.0以上で，左右の視力差が0.3以内の19 〜 20歳の学生の中で，体調が良好で，疲労感がない20名を被験者としました．VDTの画面高さ(H)の2倍を視距離($2H$)とします．TFT-LCD(thin film transistor type of liquid crystal display：薄膜トランジスター型液晶ディスプレイ)とCRT(cathode-ray tube：ブラウン管)を視対象として，図10.2に示すように被験者の顔面を固定し，眼精疲労の負荷実験を実施しました．なお，実用面からTFT-LCDは，顔面非固定(図10.7参照)の場合も検討しました．

身体疲労の回復は，血液中のブドウ糖とヘモグロビンに付着した酸素の反応から発生するエネルギーによってなされます．疲労回復のために大量消費された血液中のブドウ糖は，肝臓に貯蔵されたグリコーゲンを摂取することで補填されます．つまり，疲労すればするほど，回復に大量ブドウ糖と酸素が必要になるので，疲労すればするほど心拍数や脈圧(脈圧＝最高血圧－最低血圧)の増加が予想されます．理論通りであれば，生理変化からも疲労の測定ができることになります．

例えば，人間の身体を金属棒に置きかえて考えてみます．金属棒の両端を手で曲げて(外力を加え)，片方の手を離したとき，ぶるんぶるんゆれながら元の状態に戻ろうとする性質を弾性と呼び，身体では疲労(病気ではない)に該当します．それゆえ，放置すればいつの間にか元のまっすぐな状態(健康体)に戻ってきます．一方，弾性限界を超えた外力が加わると，金属棒は片方の手を離しても曲げられたままで元の状態に戻らない永久歪みが残ります．それが心身症です．永久歪み(心身症)は弾性(疲労)とは区別され，外力(治療)を加えなければ元の状態に戻りません．つまり，心身症(永久歪み)は病気なので，回復には長期間の入院と専門医の治療が必要となります．

(図 labels: 表示器, ホストコンピュータ, 顔面固定器, マウス, 高さ調節器)

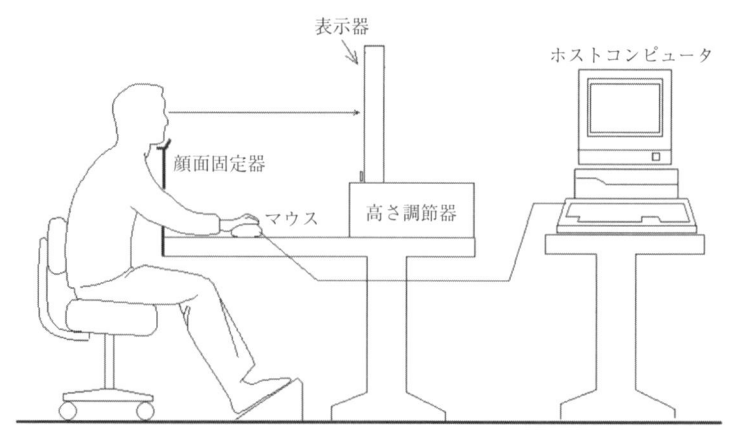

(口絵参照)

図10.2 眼精疲労の負荷実験状況(顔面固定)

つぎに,「視感覚系(VDT視力,眼位,フリッカ値)と視器運動系(近点距離)の測定装置を用いて,眼精疲労による視機能の低下が測定できるか…?」.さらに,「疲労すれば,ただちに生理変化(脈圧,心拍数)が起こるか…?」などについて検証した結果を**表10.1**と**表10.2**に示します.

VDTの種類や顔面の固定・非固定に関係なく,負荷実験の前後で,視機能の低下と生理変化は検出されませんでした.その理由は,次のように考えられます.測定対象の疲労(弾性)は,時間が経過すればいつかは元の健康体に戻る状況にあ

10.2 視機能の低下と生理変化

表 10.1 TFT-LCD の測定結果

(A) 視感覚系（顔面固定）

測定状況	VDT 視力			乱視		立体視	眼位	フリッカ
	左眼	右眼	両眼	左眼	右眼			
負荷実験前	1.3	1.3	1.4	なし	なし	正常	正常	44.7 [Hz]
負荷実験後	1.1	1.2	1.3	なし	なし	正常	正常	45.5

(B) 視感覚系（顔面非固定）

測定状況	VDT 視力			乱視		立体視	眼位	フリッカ
	左眼	右眼	両眼	左眼	右眼			
負荷実験前	1.3	1.2	1.4	なし	なし	正常	正常	43.5 [Hz]
負荷実験後	1.2	1.2	1.3	なし	なし	正常	正常	42.7

(C) 視器運動系（顔面固定）

測定状況	近点距離 [cm]		
	左眼	右眼	両眼
負荷実験前	12.9	12.3	7.9
負荷実験後	13.1	13.0	8.2

(D) 視器運動系（顔面非固定）

測定状況	近点距離 [cm]		
	左眼	右眼	両眼
負荷実験前	12.9	12.6	8.1
負荷実験後	13.2	13.0	8.5

(E) 生理変化（顔面固定）

測定状況	脈圧 [mmHg]	心拍数 [拍/min]
負荷実験前	50	72
負荷実験後	51	76

(F) 生理変化（顔面非固定）

測定状況	脈圧 [mmHg]	心拍数 [拍/min]
負荷実験前	47	72
負荷実験後	48	74

表 10.2 CRT の測定結果

(G) 視感覚系（顔面固定）

測定状況	VDT 視力			乱視		立体視	眼位	フリッカ
	左眼	右眼	両眼	左眼	右眼			
負荷実験前	1.2	1.3	1.4	なし	なし	正常	正常	44.8 [Hz]
負荷実験後	1.1	1.2	1.3	なし	なし	正常	正常	45.5

(H) 視器運動系（顔面固定）

測定状況	近点距離 [cm]		
	左眼	右眼	両眼
負荷実験前	12.4	12.9	8.5
負荷実験後	13.1	13.8	9.0

(I) 生理変化（顔面固定）

測定状況	脈圧 [mmHg]	心拍数 [拍/min]
負荷実験前	55	75
負荷実験後	55	78

るのに対して，使用した医療機器は，いずれも永久歪みを検出する目的で製作されたものなので，両者はまったく違う次元の測定域を形成しています．もし，医療機器で差違が検出されるようであれば，その人は，おそらく自力回復可能な疲労とは比べようもないくらい症状が悪化しているはずです．

疲労は，肉体と精神に負荷のかかった状態であるけれども病気ではないので，病気（永久歪み）の検出を目的として開発された医療機器では，疲労（弾性）を測定することはできません．そこで，医療機器を用いた視機能や生理変化の測定を，VDT作業における被験者の健康チェックだけにとどめることにしました．

10.2.5 眼精疲労の評価の進め方

医療機器では眼精疲労を測定できないことがわかったので，眼の調節機能の低下の測定装置を新規に自作し，カテゴリ尺度法を適用した質問表を併用して，下記の3項目を中心に「眼精疲労の評価」を進めて行きたいと考えています．

① 医療機器で視機能の低下や生理変化を測定することは困難なので，被験者の健康状態のチェックだけに医療機器を使用することにしました（実験前後で測定データに変化が見られないことを確認する）．

② 眼精疲労を，眼の調節機能の低下から評価しようと考えています．例えば，視力測定の場合，被験者は1秒間ぐらいはランドルト環を注視しています．どんなに疲労していても，1秒間も指標を見れば眼の調節機能の低下いき値を時間的にオーバーするので，その間に調節機能が回復して通常の視力測定と同等の結果が得られます．そこで，眼の調節機能の低下いきを測定できる「医療用ランドルト環を用いた眼の調節機能の低下の測定装置」を，新規に自作しようと考えています．

③ 筋肉疲労は物理量で簡単に測定できますが，知的労働から発生する精神疲労はカテゴリ尺度による主観評価しか適切な方法が見つからないので，主観評価のための質問表を新規に作成しようと思います（付録3参照）．

10.3 眼の調節機能の低下

眼精疲労の増大と眼の調節機能の低下状況が対応することに着目して，「医療

用ランドルト環を用いた眼の調節機能の低下の測定装置」を新規に自作しました[10-17], [10-18].

10.3.1 ランドルト環による調節機能の低下の測定

眼の調節機能の低下を測定するために新規に自作した装置は，プログラマブルコントローラを用いた「印字による眼の調節機能の低下の測定装置」と，パソコンを用いた「VDT画面出力による眼の調節機能の低下の測定装置」です．前者は，印刷された医療用ランドルト環を「ものさし」として，眼の調節機能の低下を測定する装置であり，後者は前者と差違がないことをチェックした後，ランドルト環と視力との関係をコンピュータに組み込んで眼精疲労を実際に評価するための装置です．

実際に測定で使用する「VDT画面出力による眼の調節機能の低下の測定装置」から得られた測定結果と「印字による眼の調節機能の低下の測定装置」の結果を比較することで，両者の整合性をチェックします．もし両者の測定結果に差違がみられるようであれば，医療用ランドルト環を「ものさし」とする意味が失われて，「VDT画面出力による眼の調節機能の低下の測定装置」を眼精疲労における眼の調節機能の低下の測定に使うことはできなくなってしまいます．

医療用ランドルト環は，図10.3に示すように環の太さと切れ目幅が外径の1/5となるように設計され，最小視角をA[分] とすると，その視力Vは，式(10.2) で与えられます．

$$V = 1/A \quad\quad\quad\quad\quad\quad\quad\quad\quad\quad\quad\quad\quad\quad\quad\quad (10.2)$$

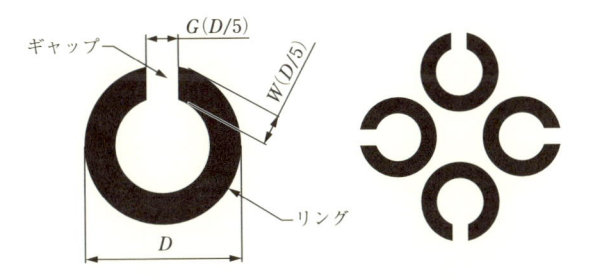

図10.3 ランドルト環の水平垂直方向の切れ目

例えば，50 cm 用のランドルト環において，環の外径 $D = 0.75$ mm，太さと切れ目幅 $G = 0.15$ mm の場合は，その環の切れ目幅が $A = 1$ 分に相当するので，視力は $V = 1.0$ となります[10-10]．長時間 VDT 作業をしたときや，VDT 作業者が疲労を感じたとき，視力に対応したランドルト環を VDT 画面に出力して，作業者自身が自分の眼の調節機能の低下状況を測定します．その測定データから回復処置の判断をします．

10.3.2　印字による眼の調節機能の低下の測定装置

自作したプログラマブルコントローラを用いた「印字による眼の調節機能の低下の測定装置」を図 10.4 に示します[10-17], [10-18]．

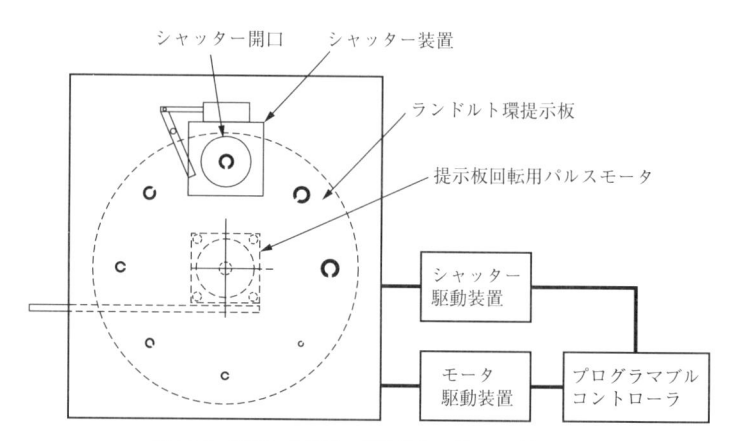

図10.4　印字による眼の調節機能の低下の測定装置

白色紙に印字したランドルト環を視力の式に基づいて 0.4 ～ 1.8 まで 0.2 ずつ 8 種類と，ランドルト環の中心を含む水平垂直方向に 4 種類の切れ目をそれぞれ組み合わせて，計 32 個作成しました（図 10.3，表 10.3，図 10.5 参照）．それを駆動装置の提示用円盤に，視力の高い方から低い方へ順次等間隔に貼り付けていきます．被験者の学習効果を防止するために，切れ目方向の異なる提示用円盤を 2 枚作成して，測定のたびに交換します．なお，白色紙面の輝度は 89.2 cd/m^2，ランドルト環の印字面の輝度は 9.8 cd/m^2 であったので，両者の輝度対比は 0.89 となりました．

10.3 眼の調節機能の低下

表 10.3 VDT 画面上のランドルト環サイズと切れ目幅

(視距離：$L = 50$ cm)

視力 V	外径 D [mm]	環 W と切れ目 G の幅 [mm]
0.4	1.875	0.375
0.6	1.250	0.250
0.8	0.938	0.188
1.0	0.750	0.150
1.2	0.625	0.125
1.4	0.536	0.107
1.6	0.469	0.094
1.8	0.417	0.083

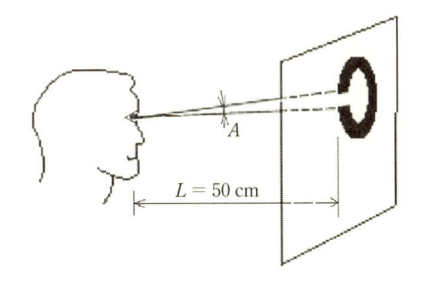

図 10.5 ランドルト環

測定装置の操作手順は，

① 学習効果を防止するために，提示用円盤に貼りつけたランドルト環を 2 秒ごとに視力の高い方から低い方へ，つまり，1.8 〜 0.4 まで 0.2 ずつ回転させて，円盤上部の提示位置にランドルト環がくるようにします．

② シャッターを 0.1 秒間開閉してランドルト環を被験者に見せ，識別いきを求めます．ここで，ランドルト環の提示時間を 0.1 秒にした理由は，無負荷での被験者のランドルト環識別力が 1.2 〜 1.6 の範囲におさまったことと，光刺激に対する人間の簡単反応のいき値が 0.2 秒以内であったことによります[10-19]．

提示用円盤の駆動とシャッターの開閉は，プログラマブルコントローラを用いて制御しました．

10.3.3 VDT 画面出力による眼の調節機能の低下の測定装置

コンピュータに組み込むための「VDT 画面出力による眼の調節機能の低下の

測定装置」を，図 10.6 に示します[10-17], [10-18].

　式 (10.2) を用いて 0.4 〜 1.8 まで 0.2 ずつの 8 種類のランドルト環と，ランドルト環の中心を含む水平垂直方向に入れた 4 種類の切れ目をそれぞれ組み合わせ，計 32 個のランドルト環を作成して（図 10.3，表 10.3，図 10.5 参照），視力の高い方から低い方へ 2 秒間隔で 0.1 秒間ずつ VDT 画面出力ができるようにしました．もうおわかりだと思いますが，ランドルト環は視力の高い方から低い方へ出力し，4 種類の切れ目をランダムに出力することで，学習効果を防止しています．

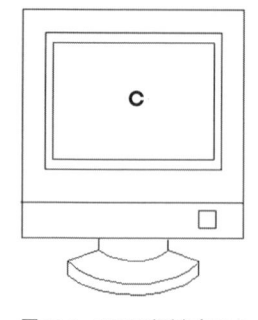

図 10.6　VDT 画面出力による眼の調節機能の低下の測定装置

　この「VDT 画面出力による眼の調節機能の低下の測定装置」を眼精疲労における回復処置の自己評価に使用できるか否かを確かめるため，図 10.4 に示す「印字による眼の調節機能の低下の測定装置」と，測定結果同士の整合性をチェックしました．

10.4　VDT 作業における眼精疲労の評価

　VDT 作業における眼精疲労を評価するための負荷実験は，実用性を考慮して，次の 2 項目を中心に顔面非固定で実施しました．
　①毛様体筋の極度な緊張が原因となる眼の調節機能の低下と眼精疲労との関係を解明するために，ランドルト環による眼の調節機能の低下いき値を求めます．
　②疲労を評価するために，3 段階のカテゴリと疲労の発生部位に関する質問表を作成します（付録 3 参照）[10-20].
　①で得られたランドルト環による眼の調節機能の低下いき値と，②の 3 段階のカテゴリを用いた疲労の主観評価結果とから，回復処置（毛様体筋の弛緩，図 10.1 参照）に至る VDT 作業時間を求めます．さらに，負荷実験から得られた質問表の結果を用いて，疲労状況の推移，VDT 作業時間に対する特徴的な疲労の発生部位，および両者の因果関係などを総合評価します．

それらの評価結果から，健全な心身と労働意欲を維持し，日周性疲労の範囲で就労するために，①で提案した回復処置に至るVDT作業時間を示唆する指標を求めます．

10.4.1 実験条件および実験工程
(1) 実験環境および被験者
VDT作業における眼精疲労の評価実験は，外乱光の映り込みがない220 lxの明室で行いました[10-21], [10-22]．視対象はTFT-LCDとCRTです．被験者に，画面表示したアルファベットの中から，特定の文字をチェックさせる方法で実施しました．

VDT画面に半角のアルファベット600文字(40文字(W)×15文字(H))を出力し，その中に，(B, K, U)の3文字がそれぞれ20文字ずつランダムに配列されています．被験者がマウスで画面中の(B, K, U)のすべて(60文字)をチェックし終えると，自動的に次画面に移行します．30分ずつ5回の眼精疲労の負荷実験における学習効果を防止するために，異なる配列の負荷実験画面(図10.7参照)を14面ずつ，5回分準備しました．被験者の眼への負荷が最大になるように，画面の背景を赤色(4.3 cd/m^2)表示，アルファベットを白色(24.6 cd/m^2)表示としました[10-23]．

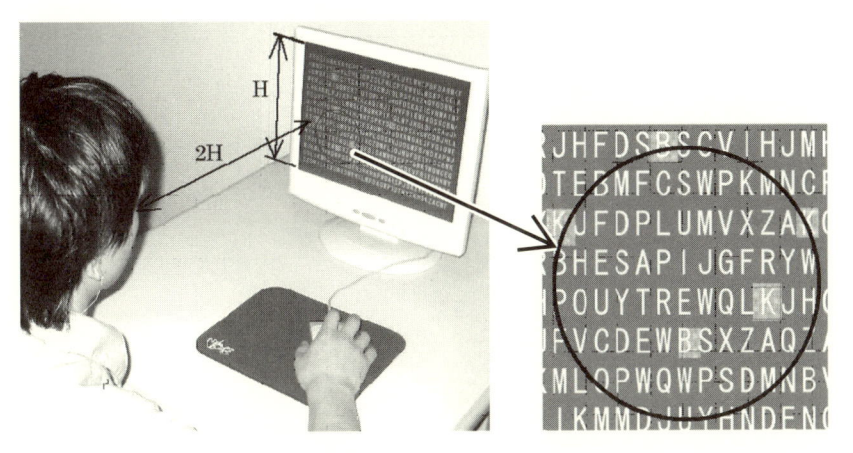

図10.7 眼精疲労の負荷実験状況(顔面非固定)

両眼視力が 1.0 以上で，左右の視力差が 0.3 以内の 19 〜 20 歳の学生の中で，体調が良好で，疲労感がない 20 名を被験者としました．VDT の画面高さ(H)の 2 倍を VDT と被験者間の視距離($2H$)とし，実用性を考慮して，眼精疲労の負荷実験は顔面非固定で行いました（図 10.7 参照）[10-24]．

(2) 負荷実験工程

30 分ずつ 5 回の負荷実験開始前に，図 10.8 に示す①〜④の測定を行った後，⑤の質問表に必要事項を記入させます．そのとき，質問表に「眼精疲労を感じている」と記入した者は，被験者から除外します．実験工程に従って，30 分ずつ 5 回の負荷実験を繰り返し，30 分の実験が終わるたびに，5 分間で④の測定後，

①視感覚系の機能：眼位，視力，フリッカ値 ②視器運動系の機能：近点距離 ③生理機能：心拍数，最高・最低血圧 ④VDT 画面出力による眼の調節機能の測定 ⑤質問表に記入（眼精疲労を感じていない）

眼精疲労の負荷実験開始前
測定および質問表に記入

30 分間明室で，アルファベット 3 文字(B, K, U)をチェック
5 分間で下記の測定および質問表に記入

④VDT 画面出力による眼の調節機能の測定 ⑤質問表に記入（眼精疲労を感じたか，否か）

30 分間明室で，アルファベット 3 文字(B, K, U)をチェック
5 分間で下記の測定および質問表に記入

④VDT 画面出力による眼の調節機能の測定 ⑤質問表に記入（眼精疲労を感じたか，否か）

30 分間明室で，アルファベット 3 文字(B, K, U)をチェック
5 分間で下記の測定および質問表に記入

④VDT 画面出力による眼の調節機能の測定 ⑤質問表に記入（眼精疲労を感じたか，否か）

30 分間明室で，アルファベット 3 文字(B, K, U)をチェック
5 分間で下記の測定および質問表に記入

④VDT 画面出力による眼の調節機能の測定 ⑤質問表に記入（眼精疲労を感じたか，否か）

30 分間明室で，アルファベット 3 文字(B, K, U)をチェック
5 分間で下記の測定および質問表に記入

①視感覚系の機能：眼位，視力，フリッカ値 ②視器運動系の機能：近点距離 ③生理機能：心拍数，最高・最低血圧 ④VDT 画面出力による眼の調節機能の測定 ⑤質問表に記入（眼精疲労を感じたか，否か）

1 工程の眼精疲労の負荷実験終了
測定および質問表に記入

図 10.8　眼精疲労の負荷実験工程図

⑤の質問表に記入させます．5 回目の負荷実験が終了した後，①～④の測定をし，⑤の質問表に必要事項を記入させて，その一連を 1 工程とします(付録 3 参照)．

10.4.2　VDT 作業後の疲労感[10-23]

VDT 作業における負荷のかかり具合を，下記に示す 3 段階のカテゴリ尺度で評価しました(付録 3 参照)．
①疲労を感じない．
②疲労を感じた．
③疲労が大きすぎて，VDT 作業を続けるのがいやだ．

20 名の被験者が VDT 作業後に訴えた疲労の推移を，3 段階のカテゴリ尺度で評価して図 10.9 に示します．VDT 作業が 1 回目から 2 回目へと回数が増加するにつれて「疲労を感じない」が減少し続け，TFT-LCD では 2 回目(60 分後)の評価で 80 ％の被験者が「疲労を感じた」をチェックし，「疲労を感じない」を大差で逆転しました．CRT も 3 回目(90 分後)の評価で 75 ％の被験者が「疲労を感じた」をチェックし，TFT-LCD と同様の結果が得られました．それ以降，TFT-LCD と CRT は共に「疲労を感じた」が増加し続けるわけですから，図 10.8 の負荷実験工程が十分に機能していることが，図 10.9 に示す評価結果から立証されました．

図 10.9 の内容をもう少しくわしく検討してみましょう．
- TFT-LCD を視対象とした場合：「①疲労をほとんど感じない」が，30 分の VDT 作業では 55 ％を占めていたが，60 分を経過すると 20 ％まで急激に低下しました．それとは逆に，「②疲労を感じた」は，30 分の VDT 作業後 45 ％であったものが，60 分を経過すると 80 ％まで急激に増加し，120 分後にはピーク値の 85 ％を示しました．150 分を経過すると「②疲労を感じた」は 70 ％まで低下したが，逆に，「③疲労が大きすぎて，VDT 作業を続けるのがいやだ」が 5 ％から 20 ％まで増加しているので，全体的には疲労がいっそう増加したことになります．
- CRT を視対象とした場合：30 分の VDT 作業後に 75 ％を占めていた「①疲労をほとんど感じない」が，90 分を経過すると 25 ％まで急激に低下しました．それとは逆に，30 分の VDT 作業後に 25 ％であった「②疲労を感じた」

第 10 章 眼精疲労の評価

(a) TFT-LCD の場合

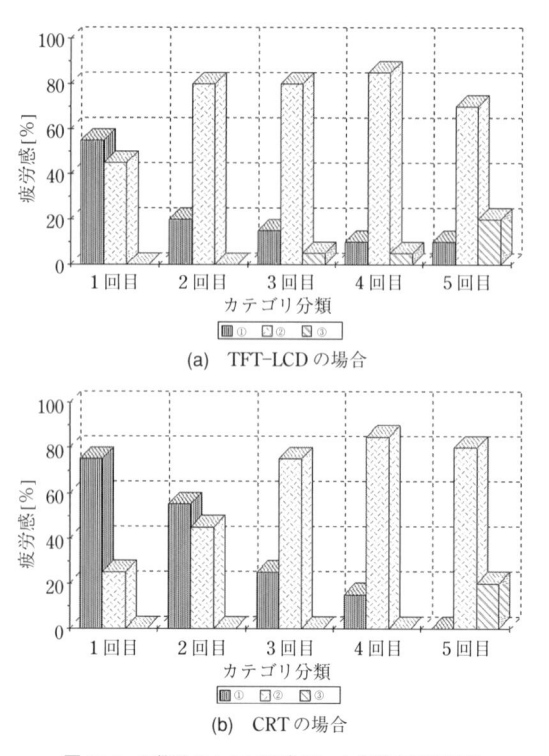

(b) CRT の場合

図 10.9　3 段階のカテゴリを用いた疲労の評価結果

は，90 分の VDT 作業後には 75 ％まで増加し，120 分後にはピーク値の 85 ％となって，150 分後には 80 ％まで僅かに低下しました．そのかわり，「③疲労が大きすぎて，VDT 作業を続けるのがいやだ」は 150 分経過して，初めて 20 ％に達しました．

3 段階のカテゴリ中の「②疲労を感じた」と VDT 作業時間との関係を検討すると，TFT-LCD は 60 分から 120 分で突出した値となり，CRT の場合は 90 分から 150 分で突出した値を示しています．両者を突き合わせた検討結果から，日周性疲労の範囲内で作業を続けるための回復処置に至る VDT 作業時間を，60 分から 120 分としました．回復処置に至る VDT 作業時間の幅を大きく取った理由としては，作業内容や，VDT 作業者の体調などが作業時間に大きい影響を及ぼし，その時間幅が大きいことがあげられます．おそらく，60 分から 120 分の

VDT作業時間の間に回復処置を図れば，VDT作業者は日周性疲労の範囲内で仕事を続けられ，帰宅後十分な栄養補給と睡眠を取ることで，翌朝には就労意欲がみなぎってくるはずです．

10.4.3 ランドルト環による調節機能の低下の測定結果

眼球の上下に位置する毛様体筋は伸縮しながら，視距離が変化するたびに，眼球の水晶体を厚くしたり，薄くしたりして焦点距離を調節しながら網膜上に鮮明な映像を映し出しています．しかし，視距離一定で長時間VDT作業を続けると，毛様体筋の伸縮運動が皆無になったまま緊張状態が続くので，その間に毛様体筋が固化し，焦点距離を変化させる調節機能が急激に低下します．

30分間ずつ5回の負荷実験を繰り返すわけですが，実験のたびにランドルト環を用いて測定した調節機能の低下と95％信頼区間の関係を，視対象別(TFT-LCDとCRT)に図10.10に示します．

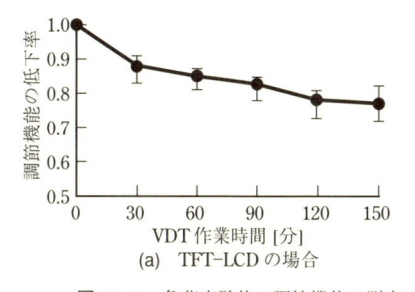

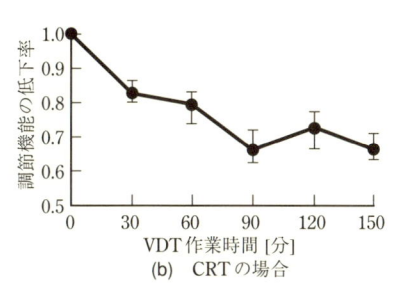

図10.10 負荷実験後の調節機能の測定データ平均と95％信頼区間の変化

眼の調節機能は，TFT-LCDの場合，VDT作業時間に対して降べき関数状の軌跡を描きながら，90分後には0.82まで低下しました．CRTの場合は，90分間のVDT作業で約0.65まで低下した後，いき値に達しました．すなわち，VDT作業時間と眼の調節機能の低下状況の関係は，VDT作業時間と毛様体筋の緊張度の関係に対応しているので，TFT-LCDとCRTの両方の測定結果を満足する積集合から，回復処置に至るVDT作業時間を1時間30分(90分)としました[10-23]．この測定結果は，回復処置に至る3段階のカテゴリ尺度の評価結果，すなわち，60分から120分を十分満足するものであることを付け加えておきます．

10.4.4 疲労と仕事率の関係

仕事と眼精疲労の関係を単純に考えた場合，「VDT作業をすれば，作業者は眼精疲労を感じて，仕事率が低下する」，これが常識です．しかし，本来人間は，仕事の途中で疲労を感じると，仕事の遂行に支障をきたして同僚や組織に迷惑をかけるので，それを防止するために，疲労を抑制する心理が強く働きます．したがって，疲労はしても仕事率が低下することは，ほとんどありません．ただ，仕事率が低下しないからといってそのまま仕事を続けると，やがて疲労が蓄積して過飽和となり心身症に移行するので，そうならないために日々の自己規制がVDT作業者自身に課せられることになります[10-23]．

10.4.5 疲労の指標と回復処置および休息の関係[10-23], [10-25]

疲労の発生部位を，①眼の調節機能，②眼部，③頭脳，④眼部・頭脳以外に4分類し，20名の被験者に部位別に疲労を強く感じる指標をチェックさせました（付録3参照）．前述の通り，VDT作業者の回復処置に至るVDT作業時間は60～120分（図10.10のグラフの読み取り値は90分）が適当であるとわかっているので，その時間における発生部位別の疲労の指標について検討しました．

(1) 眼の調節機能の低下について

眼の調節機能の低下を表現する指標の発生率を，視対象別（TFT-LCDとCRT）に図10.11に示します．TFT-LCDの場合，「(B)目がチラチラする」と「(D)目がかすむ」という2つの指標の発生率が120分後まで増加し続けました．両者を比較すると，「(B)目がチラチラする」の方が「(D)目がかすむ」よりVDT作業時間に対する指標の発生率が高いので，眼の調節機能の低下の指標を「(B)目がチラチラする」としました．

CRTの場合，「(B)目がチラチラする」と「(D)目がかすむ」という2つの指標の発生率が120分後まで増加し続けました．両者が類似しているので，どちらを指標としてもよいのですが，「(B)目がチラチラする」の方が僅かに大きい変化を示しているのが読み取れます．

以上の検討結果から，両者に共通する眼の調節機能の低下の指標を「(B)目がチラチラする」としました．

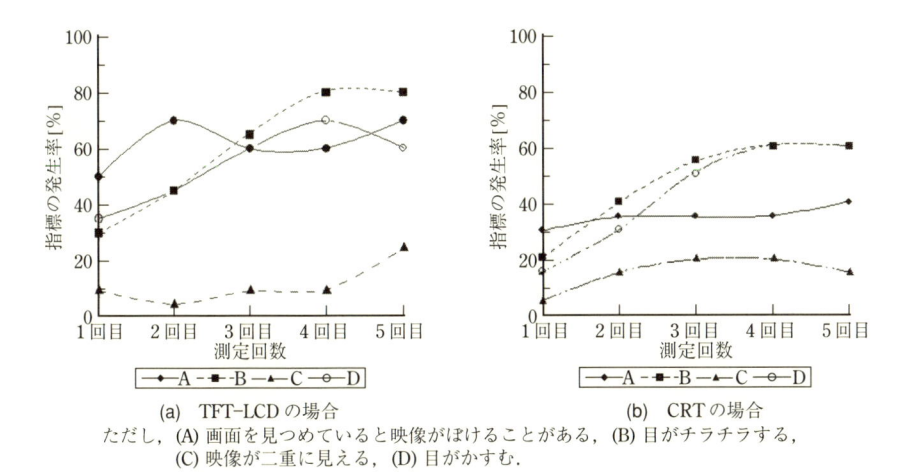

(a) TFT-LCDの場合　　　　　　　　(b) CRTの場合

ただし，(A) 画面を見つめていると映像がぼけることがある，(B) 目がチラチラする，
(C) 映像が二重に見える，(D) 目がかすむ．

図10.11　眼の調節機能の低下

(2) 眼部に見られる疲労の症状

眼部に現れる疲労の症状に対する指標の発生率を，視対象別(TFT-LCDとCRT)に図10.12に示します．TFT-LCDの場合，「(B)目の縁に違和感がある」を除いて，他の3項目の指標の発生率は，VDT作業時間と共に増加する傾向を

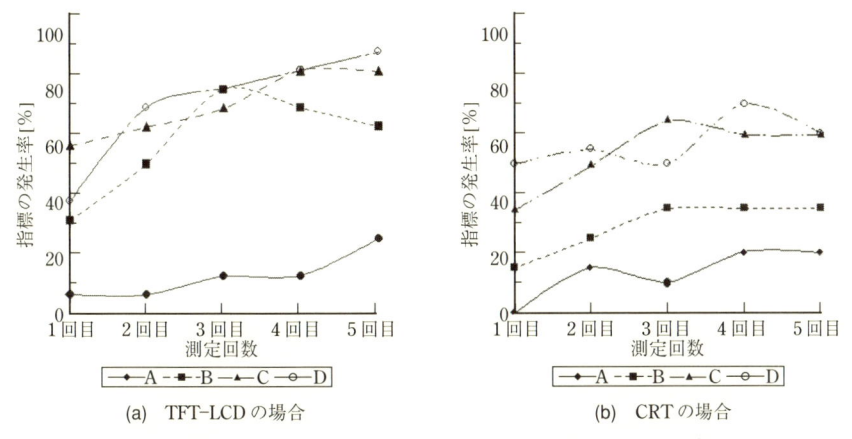

(a) TFT-LCDの場合　　　　　　　　(b) CRTの場合

ただし，(A) 瞼が熱い，(B) 目の縁に違和感がある，(C) 目が乾く，(D) 目が痛い．

図10.12　眼部に見られる疲労の症状

示しました．なかでも，「(D)目が痛い」の変化率が顕著で，60分後には，55％もの被験者がその症状を訴えました．

CRTの場合，VDT作業に対する疲労感が90分後まで増加したのは，「(B)目の縁に違和感がある」と「(C)目が乾く」の2つの指標でした．両者を比較すると，「(C)目が乾く」の方が「(B)目の縁に違和感がある」より指標の発生率がやや高いことが，グラフから読み取れます．

以上の検討結果から，両者に共通する眼部に見られる疲労の指標を，「(C)目が乾く」としました．

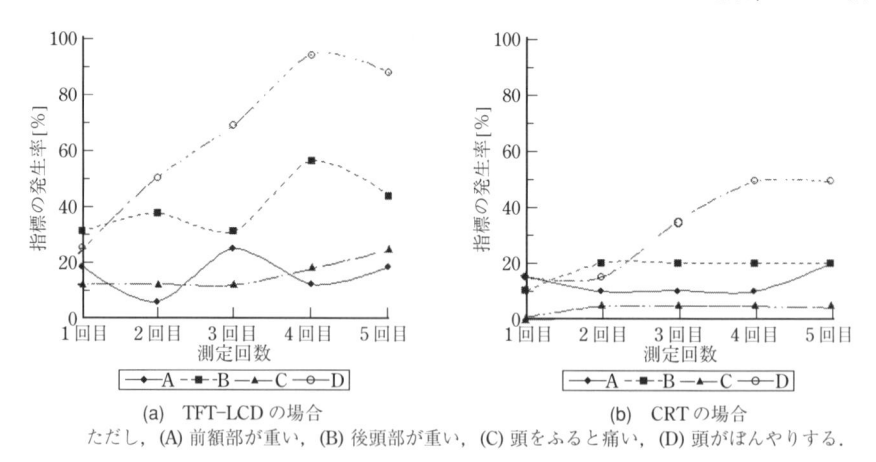

(3) 頭脳に見られる疲労の症状

頭脳に見られる疲労の症状に対する指標の発生率を，視対象別（TFT-LCDとCRT）に図10.13に示します．TFT-LCDの場合，他の指標に比べて「(D)頭がぼんやりする」の発生率が顕著で，直線性を示しました．CRTの場合も，やはり，「(D)頭がぼんやりする」が他の3指標に比べてVDT作業時間に対する発生率が顕著であったので，両者に共通する頭脳に見られる疲労の指標を，「(D)頭がぼんやりする」としました．

(4) 眼部・頭脳以外の身体部位に見られる疲労の症状

眼部・頭脳以外の身体部位に見られる疲労の症状に対する指標の発生率を，視対象別（TFT-LCDとCRT）に図10.14に示します．TFT-LCDの場合，4つの指

(a) TFT-LCDの場合

(b) CRTの場合

ただし，(A)前額部が重い，(B)後頭部が重い，(C)頭をふると痛い，(D)頭がぼんやりする．

図10.13 頭脳に見られる疲労の症状

10.4 VDT 作業における眼精疲労の評価

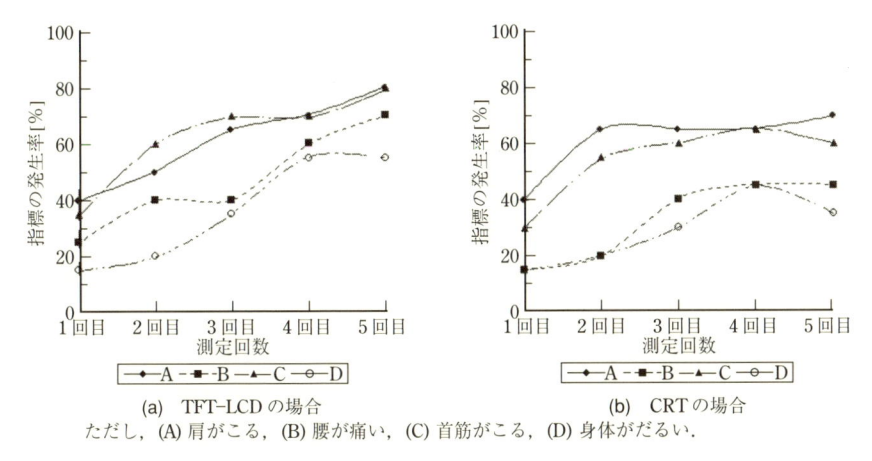

(a) TFT-LCD の場合　　　(b) CRT の場合
ただし，(A) 肩がこる，(B) 腰が痛い，(C) 首筋がこる，(D) 身体がだるい．

図 10.14　眼部と頭脳以外の身体各部に見られる疲労の症状

標はいずれも VDT 作業時間の経過と共に増加しているが，VDT 作業時間に対して直線性を示したのは「(D)身体がだるい」だけでした．CRT も TFT-LCD と同様に，「(D)身体がだるい」の VDT 作業時間に対する変化率が最大を示しました．以上の検討結果から，両者に共通して眼部・頭脳以外の身体部位に見られる疲労の指標を，「(D)身体がだるい」としました．

10.4.6　回復処置および休息の指標

回復処置のための指標(VDT 作業時間は 60 分から 120 分)を，視対象別(TFT-LCD と CRT)にまとめて表 10.4 に示します．身体全体に生じる歪みの平均が疲労であると考えられるので，生じた歪みの変化幅で回復処置に至る疲労が把握できるように，得られた指標の発生率の最小値と最大値も併せて記述しました．

表 10.4　休息に至る疲労の指標とその発生率

視機能と疲労の発生部位	疲労の指標	指標の発生率(最小・最大値)	
		TFT-LCD [%]	CRT [%]
眼の調節機能の低下	目がちらちらする	30, 80	20, 60
眼部の症状	目が乾く	45, 65	35, 65
頭脳の症状	頭がぼんやりする	20, 75	15, 50
眼部・頭脳以外の身体部位	身体がだるい	15, 50	15, 40

表中の 4 項目の指標を有効利用して，60 分から 120 分の VDT 作業の間に回復処置を取れば，日周性疲労の範囲で，毎日意欲的に就労できると信じます．

10.5　眼精疲労の評価の細目

VDT 作業における眼精疲労の評価の細目を下記に示します．
① 疲労の評価実験の前後で，視感覚系(VDT 視力，眼位，フリッカ)，視器運動系(近点距離，輻湊角)，生理変化(脈圧，心拍数)を測定し，両者に差違がないことを確認します．
② VDT 作業における視機能の低下いき値から眼精疲労を評価し，3 段階の疲労の尺度評価と併せて回復処置に至る VDT 作業時間を求めます．
③ VDT 作業時間における疲労の発生部位を，回復処置の指標とします．
①～③の知見から，VDT 作業における眼精疲労が正確に評価し，それをベースに，日周性疲労の範囲を維持した新しい労働形態を提案します．

10.6　眼精疲労の評価方式

10.6.1　眼精疲労の評価

VDT 作業における疲労は，視知覚系(眼部，中枢神経系および頭脳)の眼精疲労だけでなく，身体のあらゆる部位に現れるので，全身を眼部，頭脳，その他の身体部位に分類して評価しました．作成した質問表(付録 3 参照)に見られるように，感覚面からの疲労の尺度評価の結果，生理面からの脈圧や心拍数の測定データ，および物理面からの視機能の低下の測定データなどから総合的に比較検討しなければ，適切な評価が得られません．

もう一つ，心理物理学測定で忘れてはならないのは，物理量に基づく共通の測定データを取っておくことです．例えば，VDT 作業における眼精疲労の評価では，視機能の低下の測定データが物理量に基づく共通の測定データに相当します．他の眼精疲労における尺度評価の結果同士を比較する必要が生じたときは，視機能の低下の測定データがあれば，そのデータを介して間接的ではあるが両者を比較することができます．

10.6.2　眼精疲労の評価方式に関する提案 [10-26]

　研究テーマに対するまとめまでは，どなたもします．しかし，「研究テーマの普遍的な提案」まで到達しない人が数多く見られます．研究テーマに対するまとめは，そのテーマの条件でしか成立しない特殊解ですから，広義に科学技術に反映させるには，一般解として，普遍的な提案までもっていくべきです．本研究の場合，「眼精疲労の評価方式に関する提案」が一般解に相当します．

　以下に，眼精疲労の測定結果を用いて，VDT の表示条件と人間の視覚との整合性について評価した「VDT 作業における疲労の評価方式」を提案します．

①測定器としての被験者は，両眼が 1.0 以上の正常な視力（左右の視力差が 0.3 以内）をもち，年齢が 30 歳以下の健常者とします．

②眼精疲労の負荷実験の測定変数は，明るさ，輝度や輝度対比，視距離，および VDT 視覚作業時間などです．

③瞬時の眼の調節機能の低下と 3 段階の疲労の尺度評価結果とから，VDT 作業時間を求めます．

④3 段階の疲労の尺度評価の結果と疲労の発生部位との関係から，回復処置の指標を明示します．

⑤仕事の途中で疲労を感じると，仕事の遂行に支障をきたすので，疲労を抑制する心理が働きます．そのことから，仕事率の低下が見られない測定値をデータとして採択するようにします．

　以上を踏まえて，「VDT 作業における眼精疲労の評価方式」に関する提案を図 10.15 に示します．

第 10 章 眼精疲労の評価

```
実験前
┌─────────────────────────────────────────────────────┐
│ 視感覚系の測定：VDT 視力，乱視，立体視，     生理機能の測定：脈圧，心拍数 │
│           眼位，フリッカ                              │
│ 視器運動系の測定：近点距離                  （生理機能） │
│ （物理量）                                            │
└─────────────────────────────────────────────────────┘
```

眼精疲労の測定(物理量)　　　　　　　　　　　　　　疲労の評価(感覚量)
　　眼の調節機能の低下の測定　　　　　　疲労の尺度評価
　　　　　　　　　　　　　　　　　　　　疲労の発生部位

```
実験後
┌─────────────────────────────────────────────────────┐
│ 視感覚系の測定：VDT 視力，乱視，立体視，     生理機能の測定：脈圧，心拍数 │
│           眼位，フリッカ                              │
│ 視器運動系の測定：近点距離                  （生理機能） │
│ （物理量）                                            │
└─────────────────────────────────────────────────────┘
```

　　　　　　　　　　VDT 作業時間と休息の指標

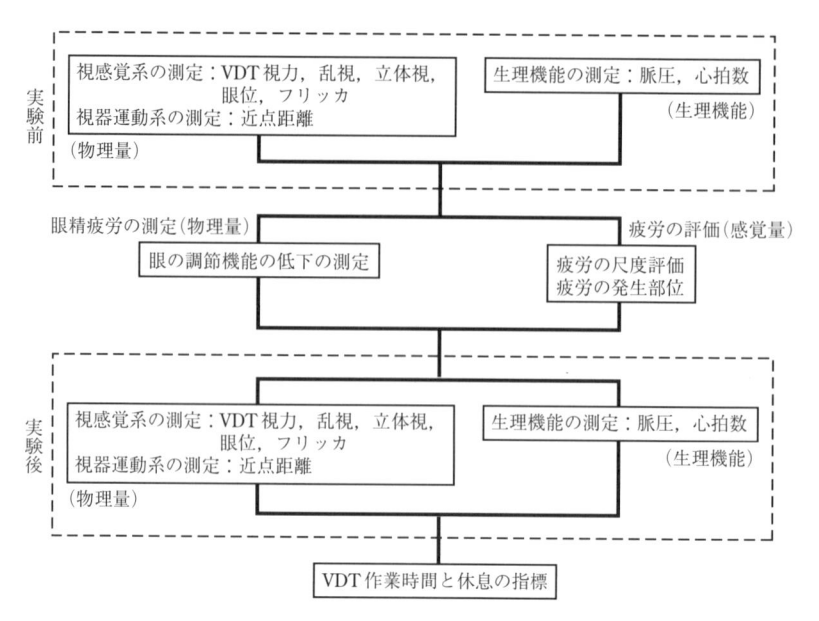

図 10.15　VDT 作業における眼精疲労の評価方式

参考文献

[10-1]　大島正光：疲労の研究，pp.2〜8，同文書院，1981．

[10-2]　Arun Garg：METHODS FOR ESTIMATING PHYSICAL FATIGUE，Proc. Spring Annu. Conf. Am. Inst. Ind. Eng.，pp.68〜75，1979．

[10-3]　萩野鋤太郎：照明と目の疲労，照明学会雑誌，41 (1)，pp.10〜137，1957．

[10-4]　蒲山久夫：照度と眼疲労について，照明学会雑誌，36 (3)，pp.53〜137，1952．

[10-5]　松井瑞夫：目の疲労の測定，照明学会雑誌，43 (1)，pp.478〜137，1959．

[10-6]　鈴村昭弘：VDT 作業の疲労を防ぐ　問診表からの健康管理，労働衛生，26 (1)，pp.47〜49，1985．

[10-7]　日本産業衛生協会産業疲労委員会編：セクター式フリッカー値測定装置規格 (案)，労働科学，29 (5)，pp.305〜306，1953．

[10-8]　石川太郎，中野みちを：Some Consideration on Good Seeing and Flicker Value (明視とちらつき値についての二，三の考察)，照明学会雑誌，48 (1)，pp.4〜137，1964．

[10-9]　T. A. White：Subjective Assessment of Interline Flicker in Television Displays (A First Approach)，ERGONOMICS，21 (9)，pp.709〜720，1978．

[10-10] 湖崎克：眼科 MOOK No.3 眼科一般検査法，視力検査，pp.10～18，金原出版，1978.

[10-11] 西信元嗣：眼科 MOOK No.3 眼科一般検査法，屈折検査，pp.19～31，金原出版，1978.

[10-12] 秋山健一：眼科 MOOK No.3 眼科一般検査法，眼科検査一般，pp.149～158，金原出版，1978.

[10-13] 渡辺好正：眼科 MOOK No.3 眼科一般検査法，眼位検査，pp.99～111，金原出版，1978.

[10-14] 井上治郎：眼科 MOOK No.3 眼科一般検査法，調節検査，pp.33～39，金原出版，1978.

[10-15] 三島済一，植村恭夫：最新眼科学，pp.69～72，朝倉書店，19584.

[10-16] Alan J. Happ, Craig W. Beaver ： EFFECTS OF WORK AT A VDT INTENSIVE LABORATORY TASK ON PPERFPRMANCE, MOOD, AND FATIGUE SYMPTMS, Proc. Hum. Factors Soc. Annu. Meet., 25, pp.142～144, 1981.

[10-17] T. Muraoka, N. Nakashima, S. Mizushina, Y. Shimodaira, H. Ikeda ： A New Instrument for Measuring Visual Strain Caused by Video Data Terminal Operations, Conference Record of the 1998 IEEE Industry Applications Society 33rd Annual Meeting, pp.1674～1678, 1998.

[10-18] 村岡哲也：ものつくり革命，pp.95～100，技報堂出版，2004.

[10-19] 大山正：反応時間研究の歴史と現状，人間工学，21 (2)，pp.57～64，1986.

[10-20] 鈴村昭弘：VDT作業の疲労を防ぐ問診表からの健康管理，労働衛生，26 (1)，pp.47～49，1985.

[10-21] 田渕義彦，中村肇，松島公嗣：CRTディスプレイの表示文字と外部反射映像の見え方の主観評価，照明学会誌，71 (2)，pp.131～137，1987.

[10-22] 阪口忠雄，永井久：各種光源と目の疲労に関する研究，照明学会雑誌，57 (5)，pp.278～286，1973.

[10-23] T. Muraoka, N. Nakashima, S. Mizushina, H. Ikeda, Y. Shimodaira ： Subjective Evaluation of Physiological Fatigue in Video Data Terminal Operation, Proceedings of Image Processing, Image Quality, Image Capture, System Conference (IS&T's 1998 PICS Conference), pp.266～270, 1998.

[10-24] T. Muraoka, H. Ikeda ： Selection of Display Device Types Used at Man-Machine Interfaces Based on Human Factors, IEEE Transactions on Industrial Electronics, 51 (2), pp.266～270, 2004.

[10-25] 鈴村昭弘：眼科 MOOK No.23 眼精疲労，主訴からする眼精疲労の診断，pp.1～9，金原出版，1985.

[10-26] T. Muraoka, N. Nakashima, S. Mizushina, H. Ikeda ： Evaluation Method of Fatigue Caused by Video Data Terminal Operations, Proceedings of Image Processing, Image Quality, Image Capture, System Conference, The Society for Imaging Science and Technology, pp.407～411, 2001.

第11章

眼精疲労の回復

11.1 眼精疲労の回復システムの開発

　眼精疲労は，VDT作業をすれば誰でも感じる症状です．脳の視覚センサである眼部だけに限定しないで，網膜に映った情報を伝送する中枢神経系，および伝送されてきた情報の処理系である脳までが眼精疲労の対象とされます．
　知的労働が主流になってくると，物理的な疲労に比べて精神的な疲労の占める割合が急増し，過飽和部分が徐々に蓄積して，そこに心の悩みが付加すると心身症に移行します[11-1]．心身症になると回復に長期間の療養と専門医の治療が必要になってくるので，十分な睡眠を取って，一日のVDT作業がオーバーワークにならないように，眼精疲労を感じたら適宜に回復処置を施し，症状に応じてコーヒーブレイク程度の休息もとるようにしてください．そうすれば，日周性疲労の範囲で快適な朝を迎え，就労意欲を失わずにすみます．
　そこで，VDT作業で生じた眼精疲労に回復処置を施して，心身を日周性疲労の範囲に保持するための，2種類の新しい自作システムを紹介します．
　①補色(complementary color)による網膜上の色刺激の無彩色化システム
　②3次元(3D)の仮想遠点動画像(animation of virtual far point)による眼の調節
　　機能の回復システム
　次節以後，新規に提案した2種類の自作システムを併用しながら，蓄積疲労に陥らずに，日周性疲労の範囲を保持できる労働条件の設定を考えてみます．

11.1.1　補色による色刺激の無彩色化システム

暖色系の長波長色は，人体に促進的に作用し，VDT作業者の生理的な興奮度を増大させます[11-2]．その抑制のために，寒色系の短波長の補色を見せて，両者を網膜上で混色させることにより，色調の無彩色化を図るシステムを新規に考案して，「補色による網膜上の色刺激の無彩色化システム」と命名しました．なお，混色によって色調が失われ，無彩色となる色対を補色と呼んでいます．

(1) 網膜上の色刺激

眼精疲労を抑制させる補色について説明するために，生理的興奮度を増大させる暖色系の長波長色と，補色関係にある抑制的な寒色系の短波長色とが点対称で位置している，オストワルト表色系(Ostwald color system)の色相環を図11.1に示します．

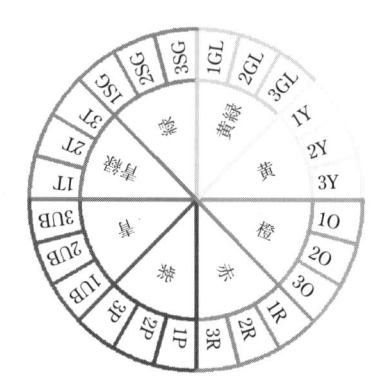

図11.1　オストワルト表色系の色相環(口絵参照)

図中の色相番号が1Y(黄色)から3R(赤色)までが暖色系の長波長色，すなわち，眼部に対する刺激色です．それと点対称の位置にある，色相番号が1UB(青色)から3SG(緑色)までの短波長色が，網膜上の色刺激の無彩色化に用いられる寒色系の補色です．寒色系の短波長色は，人体に抑制的に作用して，興奮を鎮める効果があることが既によく知られています[11-3]．

一般に，生理機能の経時変化は指数関数を用いて表現されるので，暖色系の長波長色による人体の興奮度の解消も，生理機能の経時変化に合わせ，短波長の9色に代表される色調の変化を一画面ずつ連続的に指数関数で表示しました．指数

関数で表示した寒色系の短波長色の色調変化を眼精疲労で苦しむ VDT 作業者に見せることにより，網膜上に残存する暖色系の刺激色（長波長色）と混色させて，色調の無彩色化を図り興奮度を解消させようと考えています．

(2) **補色による無彩色化システム** [11-3]～[11-5]

「補色による網膜上の色刺激の無彩色化システム」は，眼精疲労を促進させる黄色から赤色までの暖色系の長波長色を網膜上で無彩色化するために，補色である青色から緑色までの寒色系の短波長色を 121 枚配列して，色調を連続的に指数関数表示することにより，暖色系の長波長色と混色させて無彩色化を図るシステムです．色刺激の無彩色化システムから出力される補色の一部を，図 11.2 に示します．

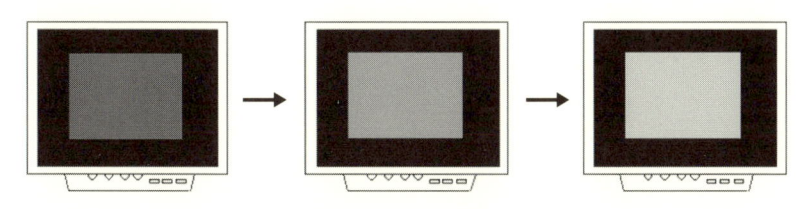

図 11.2　短波長の補色の出力例（口絵参照）

連続した短波長の補色の色調変化を，もし，人間の生理機能を考慮した指数関数による出力方式とせずに 1 次関数で出力させると，途中で補色の色調変化が間延びして，眼精疲労で苦しむ VDT 作業者の興奮を鎮めるのではなく，逆にイライラさせる結果を招くことになります．著者は，眼精疲労に抑制的に作用する短波長の補色の出力時間を約 47 秒としました．出力時間を約 47 秒にした理由は，①多忙な VDT 作業者の心理状態を考慮して画像の出力時間を 1 分以内にしたいという願望と，②作成した画像ソフトと使用したコンピュータの能力の関係などによるものですが，使用した画像の出力時間が色調の無彩色化に適切であるか否については，予め実験で確かめておく必要があります．

いずれにしても，網膜上に残存する暖色系の色刺激の無彩色化を図った後，続けて「仮想遠点動画像による眼の調節機能の回復システム」を適用して，VDT 作業で低下した眼の調節機能の回復を図ります．両システムを併用して眼精疲労を回復させようという試みなので，両システムの連続動作時間が，VDT 作業者に

とって心理的に安寧な許容時間内にあることが重要です．VDT 作業者の多忙さを考慮すると，

「短波長の補色の出力時間」+「眼の調節機能の回復時間」= 3 分ほど

が心理的負担を与えない許容限界時間ではないかと考えています．

(3) 補色の提示時間 [11-3]～[11-5]

60 分から 120 分の VDT 作業後に短波長の補色を見せて，網膜上に残存して人体に促進的に作用する暖色系の長波長の色刺激の無彩色化を図ります．60 分あるいは 120 分の VDT 作業後に約 47 秒間寒色系の短波長の補色を被験者に見せて，補色の提示時間が，「A：短すぎる」，「B：ちょうどよい」，「C：長すぎる」のいずれのカテゴリに該当するかを被験者に答えさせました．その結果を図 11.3 に示します．

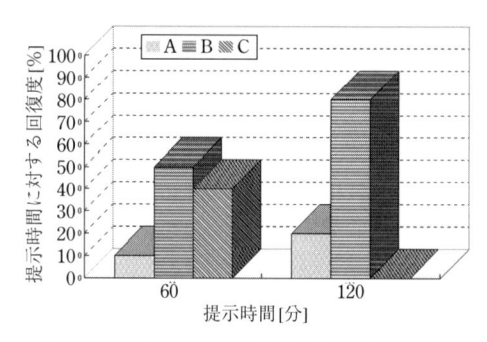

図11.3　60 分ごとの VDT 作業における補色の提示

60 分間の VDT 作業後に 47 秒間寒色系の短波長の補色を見た被験者は，その 50 ％が「ちょうどよい」と回答し，40 ％が「長すぎる」と回答しました．VDT 作業が 120 分になると，VDT 作業における興奮度と補色による回復処置がほぼ等価になったようで，被験者の 80 ％が「ちょうどよい」と回答し，残りの 20 ％の被験者は，VDT 作業における興奮が回復処置より大きかったので，逆に回復処置時間が「短すぎる」と回答しました．

以上の結果を考慮すると，VDT 作業者の体調や VDT 作業内容によっても異なるでしょうが，60 分から 120 分間の VDT 作業後に短波長の補色を 47 秒間 VDT

作業者に見せれば，網膜上に残存する暖色系の色刺激の無彩色化に有効であることがわかりました．

11.1.2 仮想遠点動画像による眼の調節機能の回復システム
(1) 3次元(3D)の仮想遠点動画像

視距離一定で，長時間 VDT 作業をすると，眼精疲労から眼の調節機能が著しく低下します．その低下した眼の調節機能を，眼精疲労を引き起こした VDT を用いて回復させることはできないかと考えました．

聡明な読者諸氏は，「眼精疲労を引き起こした根元の装置を用いて回復などとんでもない．矛盾も甚だしい」と一笑に付されるかもしれません．しかし，矛盾とされ続けてきた現象が突然解決されて，その後，何の矛盾も感じなくなって進歩するのが科学技術だ，という歴史的事実も理解していただきたいと思います．

一般にイメージされる典型的な田舎の3次元風景画像を画面上に出力させ，仮想上無限遠に向かって画像を縮小させながら奥に引くことで，VDT 作業者の焦点距離を変化させて，眼の調節機能の回復と心の安寧を図ろうというのがポイントです．この縮小していく田舎の3次元(3D)風景画像を，著者は仮想遠点動画像(animation of virtual far point)と命名しました．

(2) 仮想遠点動画像による調節機能の回復システム [11-3]～[11-5]

作成した3次元(3D)の仮想遠点動画像の一部を図 11.4 に示します．「なぜ，田舎の山の画像を採用したのか…？」，あるいは，「なぜ，田舎の山の画像でなければならないのか？　他のものではいけないのか？」など疑問や異論もあるでしょうが，この画像を選んだ理由は次のような考えに基づいています．

① 典型的な田舎の山と空と限りなく続く道は，どの人の心にも安堵感と安らぎ

図 11.4　3次元(3D)の仮想遠点動画像の一例(口絵参照)

を与えます．

② 田舎の山のグリーン，空の薄ブルー，限りなく続く道のグレーは，いずれも興奮を抑制させる寒色系の短波長色なので，眼に強烈な刺激を与える暖色系の長波長色と網膜上で混色することにより，無彩色化が図れます．つまり，田舎の山と空と限りなく続く道は，人体に抑制的に作用する短波長色の構成となっています．

仮想遠点動画像は，遠近感を出すために，図 11.4 の左側の 3 次元画像（3D 画像）から中央を経て右側の画像まで，0.4％ずつ立体的に縮小しながら仮想上画面の奥の方へ引きます．そのために，図 11.4 の左側の最大画像から右側の最小画像まで，田舎の山の 3 次元風景画像を 140 枚用意しました．60 分間あるいは 120 分間 VDT 作業をさせた後，140 枚用意した 3 次元（3D）仮想遠点動画像を約 39 秒間見せることにより，眼精疲労で低下した VDT 作業者の眼の調節機能を回復させようという計画です．動画像の提示時間を 39 秒にした理由は，補色による無彩色化と同様に，① VDT 作業者の多忙さから画像の出力時間を 1 分以内にしたかったことと，② 作成した画像ソフトと使用したコンピュータの能力が関係しています．3 次元画像（3D 画像）の出力時間が眼の調節機能の回復に適切であるか否については，実験で確かめておく必要があります．

(3) 3 次元（3D）の仮想遠点動画像の提示時間 [11-3]〜[11-5]

60 分から 120 分の VDT 作業後に 3 次元（3D）の仮想遠点動画像を見せて，眼の調節機能の回復を図ります．60 分あるいは 120 分の VDT 作業後に，約 39 秒

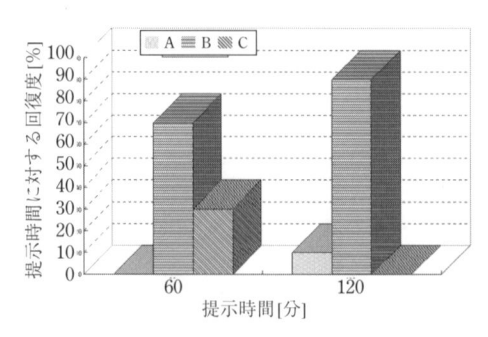

図 11.5　60 分ごとの VDT 作業における
3 次元（3D）の仮想遠点動画像の提示

間仮想遠点動画像を被験者に見せて，その提示時間が「A：短すぎる」，「B：ちょうどよい」，「C：長すぎる」のいずれのカテゴリ尺度に該当するかを被験者に答えさせました．その結果を図 11.5 に示します．

60 分の VDT 作業では，被験者の 70 ％が「ちょうどよい」と回答し，30 ％が「長すぎる」と回答しました．120 分の VDT 作業後では，被験者の 90 ％が「ちょうどよい」と回答し，残りの 10 ％は，眼精疲労による眼の調節機能の低下が大きすぎるために，逆に回復処置が「短すぎる」と回答しました．

以上の結果が示すように，VDT 作業者の体調やそのときの仕事内容によっても違いますが，60 分から 120 分間の VDT 作業後に 3 次元(3D)の仮想遠点動画像を 39 秒間 VDT 作業者に見せれば，眼精疲労のために低下した眼の調節機能が回復して，日周性疲労の範囲を保持できることがわかりました．

11.1.3 眼精疲労の回復効果

(1) 回復の証明

3 次元(3D)の仮想遠点動画像を奥の方へ引いたときに，焦点距離が変化して眼精疲労が回復することを，図 11.6 に示すアルプスの静止画を見せた場合と比較しながら証明していきたいと思います．そのために，120 分間の VDT 作業後に「補色」と「3 次元(3D)の仮想遠点動画像」を併用した場合と，「補色」と「アルプスの静止画」を併用した場合の両方の実験を行いました．実験結果から，両者

図 11.6　アルプスの静止画(口絵参照)

図 11.7　眼の調節機能の回復状況

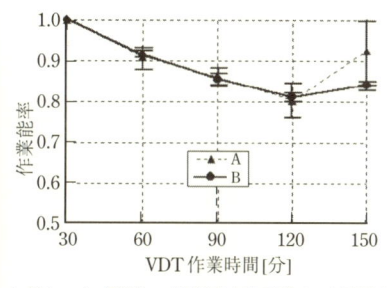

ただし，A：「補色＋仮想遠点動画像」の実験結果
　　　　B：「補色＋アルプスの静止画」の実験結果

の眼精疲労の回復状況を比較して図 11.7 に示します．

120 分間(30 分× 4)VDT 作業をさせてから「補色＋ 3 次元(3D)の仮想遠点動画像」，および「補色＋アルプス静止画」を見せて，それぞれ回復処置を施した後，再度 30 分間 VDT 作業をさせた後の作業能率を比較しました．すると，「補色＋ 3 次元(3D)の仮想遠点動画像」を見せた方が，「補色＋アルプス静止画」を見せた場合より，1 回目の作業能率に比べて 0.9 程度の割合で良好な結果が得られました．そのことを統計的に証明するために，「補色＋ 3 次元(3D)の仮想遠点動画像」と「補色＋アルプス静止画」，および VDT 作業回数を変動因子として，図 11.7 の測定データに 2 元配置分散分析を施した結果を，表 11.1 に示します[11-6]．

表 11.1 図 11.7 の 2 元配置分散分析の結果

変動因		自由度	平方和	平均平方	F 比
仮想遠点動画像と静止画の実験	(A)	1	0.006	0.0059	1.885
VDT 作業回数	(B)	4	0.407	0.1017	32.320**
A × B		4	0.031	0.0077	2.445
測定誤差		90	0.283	0.0031	
全体		99	0.727		

「補色＋ 3 次元(3D)の仮想遠点動画像」を見せた場合の眼の調節機能の回復効果は，残念ながら，分散分析の結果に現れませんでした．たぶん，4 回目の VDT 作業直後に回復処置を施したことで，5 回目の VDT 作業能率がかなりアップしているのですが，そのデータは，回復処置のない 4 回分の VDT 作業能率の中に包含されてしまって，特性が見えなくなったことが原因していると思われます．しかし，VDT 作業の経時変化でみると，4 回分の VDT 作業能率の低下状況とその後の回復状況とから危険率 1 ％で「大きい有意差」が見られますので，VDT 作業能率の経時変化を回復効果と結びつけて考えれば，「補色＋ 3 次元(3D)の仮想遠点動画像」による眼精疲労の回復処置は有効であると結論づけられます（付録 1 参照）．

(2) 回復のメカニズム [11-7], [11-8]

「補色のメカニズムと眼精疲労の回復効果の関係」は，すでに説明済みなので，ここでは，もう一方の「調節機能の回復のメカニズム」について解明していきたいと思います．

30 分ずつ 4 回の VDT 作業(視距離一定)で固化した被験者の毛様体筋が，「3

次元(3D)の仮想遠点動画像」を見せられることにより，立体視覚の奥行き変化に対応して伸縮活動を再開するので，当然，水晶体(レンズ)の厚みの変化に対応して焦点距離の調節機能も回復します(図 10.1 参照).

調節機能の回復処置に用いた仮想遠点動画像は 3 次元の風景画像なので，「仮想遠点動画像」を被験者に見せると，両眼奥行き視によってまるで遠くの景色を見ているかのように感じ，「両眼視差(binocular disparity)」と「3 次元(3D)の仮想遠点動画像における立体視覚の奥行き変化」の関係が，無意識のうちに被験者の左脳で幾何学演算されます．その演算結果を受けて，30 分ずつ 4 回の VDT 作業で固化した毛様体筋が，伸縮活動を再開し始めます．水晶体(レンズ)を上下で吊っているのが毛様体筋ですから，毛様体筋が伸縮活動を再開すれば，当然，水晶体(レンズ)の厚みが変化して焦点距離の調節機能が回復することは言うまでもありません．その結果，図 11.7 に見られるように，5 回目の VDT 作業能率が 1 回目の VDT 作業能率の近傍まで復帰したと考えられます．

また，「補色＋アルプスの静止画」による回復処置でも，5 回目の VDT 作業能率がわずかに上昇傾向を示しています．それは，補色における暖色系の色刺激の無彩色化の効果によるもので，静止画の効果でないことは「3 次元(3D)の仮想遠点動画像を用いた立体視覚における両眼奥行き視の理論」の説明から十分ご理解いただけると思います．なぜなら，静止画は焦点距離が一定で，「3 次元(3D)の仮想遠点動画像」のように「立体視覚(stereoscopic vision)における両眼奥行き視の変化」を伴わないからです．

(3) 回復処置時間

60 分から 120 分間の VDT 作業後に補色を 47 秒間提示し，3 次元(3D)の仮想遠点動画像を 39 秒間見せるという「補色＋3 次元(3D)の仮想遠点動画像」の併用効果が眼精疲労の回復実験によって実証されました．しかし，補色の 47 秒間と 3 次元(3D)の仮想遠点動画像の 39 秒間という提示時間にこだわることなく，回復処置の指標が出たら，眼部における疲労の症状に応じた適切な回復処置が必要で回復処置時間も VDT 作業者が仕事を意識することなく，安寧を保持できる 3 分間ぐらいまでは，「補色＋3 次元(3D)の仮想遠点動画像」の提示時間を増やすことは一向にかまわないと思います．また，症状に応じて「補色」もしくは「3 次元(3D)の仮想遠点動画像」のどちらかの出力時間を長くするなどの工夫も

必要ではないでしょうか．

11.2 VDT作業における眼精疲労の回復

眼精疲労を放置すると蓄積疲労から心身症に移行し，長期間の入院と専門医の治療を余儀なくされるおそれがあります．就労中に感じた眼精疲労が適度な回復処置によって日周性疲労の範囲に保持できるようなら，意欲が減退することもなく就労できるはずです．そのために，眼精疲労の回復処置の指標と，回復効果について調べました．

11.2.1 眼精疲労に対する5段階の尺度評価[11-9]

VDT作業における眼精疲労の負荷状況を調べるために，5段階の評価尺度に対するカテゴリ表現を以下に示します．

  A：眼精疲労をほとんど感じない．
  B：眼精疲労をやや感じた．
  C：眼精疲労を感じた．
  D：眼精疲労をかなり感じた．
  E：眼精疲労が大きすぎて，VDT作業を続けるのがいやだ．

5段階の評価尺度に対するカテゴリ表現を用いた，VDT作業における眼精疲労の主観評価の結果を，図11.8に示します．図には，30分ごとのVDT作業における眼精疲労を，左側からA，B，C，D，Eの5段階の評価尺度で棒グラフ表示しています．「E：眼精疲労が大きすぎて，VDT作業を続けるのがいやだ」は，90分間のVDT作業後では被験者の10％がチェックしたのですが，150分経つと40％まで増加しました．

逆に，「B：眼精疲労をやや感じた」は，VDT作業時間の増加と共に低下し続けますが，「E：眼精疲労が大きすぎて，VDT作業を続けるのがいやだ」が出現する90分間のVDT作業後には，誰もチェックしなくなりました．

また，「C：眼精疲労を感じた」は60分間のVDT作業で最大となり，その後は徐々に低下して，150分経過すると誰もチェックしなくなりました．それとは

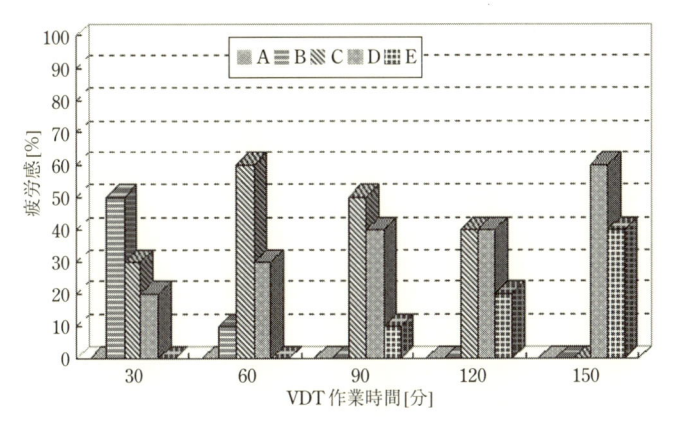

図11.8 眼精疲労に対する5段階の尺度評価結果

逆に,「D:眼精疲労をかなり感じた」は,60分から150分のVDT作業で30%増加しました.

以上の主観評価結果とは別に,わかったことがあります.精神的・肉体的負担は,健康であっても体調や仕事の内容などによって,大きく変動します.例えば,コンピュータのシステムエンジニアやプログラマーの場合は,60分のVDT作業で「補色+3次元(3D)の仮想遠点動画像」を併用した回復処置が有用であるのに対して,コンピュータは使うけれどもそれほど仕事内容が過酷でない人の場合ならば,90分から120分程度のVDT作業後に回復処置を施せば十分だと思われます.

また,図11.8に示した5段階の尺度評価の結果は,図10.9の3段階の尺度評価の結果とよく一致しているので,眼精疲労の評価は3段階のカテゴリ尺度を適用すれば十分であることがわかりました.つまり,カテゴリの尺度評価は人間の感覚による評価法であるため,カテゴリを少なく簡略化すれば,それだけ信頼度が向上することになります.

11.2.2 眼精疲労の回復に対する5段階の尺度評価

日周性疲労の範囲を保持するために,VDT作業時間ごとに実施する眼精疲労の回復処置の効果を調べる5段階の評価尺度に対するカテゴリ表現を以下に示します.

A：眼精疲労が回復せずに，そのまま残っている
B：眼精疲労がやや回復し，疲労感もわずかに減少した
C：眼精疲労が比較的回復し，疲労感もかなり減少した
D：眼精疲労の回復が著しく，疲労感をほとんど感じない
E：眼精疲労がすっかり回復し，疲労感をまったく感じない

(1) 眼精疲労の回復 [11-7]

コンピュータのシステムエンジニアやプログラマーなどを対象として，60分ごとのVDT作業後に実施する眼精疲労の回復処置（「補色＋3次元(3D)の仮想遠点動画像」の併用）に対する効果を図11.9に示します．60分ごとの眼精疲労の回復効果は，左側からA，B，C，D，Eの5段階の評価尺度で棒グラフ表示しています．

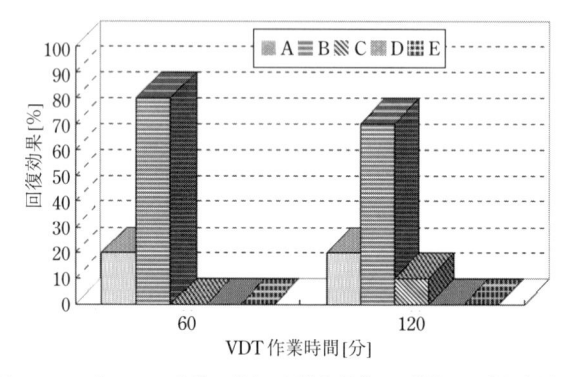

図11.9　60分のVDT作業に対する回復処置後の5段階の尺度評価結果

60分のVDT作業後に「補色＋3次元(3D)の仮想遠点動画像」を併用して回復処置を施した場合，「A：眼精疲労が回復せずに，そのまま残っている」が20％を占め，残りの80％が「B：眼精疲労がやや回復し，疲労感もわずかに減少した」をチェックしました．ところが，120分後になると「A：眼精疲労が回復せずに，そのまま残っている」は20％のままですが，「B：眼精疲労がやや回復し，疲労感もわずかに減少した」をチェックした者は70％で，60分後の調査より10％低下しました．しかし，「C：眼精疲労が比較的回復し，疲労感もかなり減少した」を10％の被験者がチェックしたために，60分後に比べて120分後の調

査の方が回復効果が増大する結果となりました．その理由としては，60分ごとの規則正しい回復処置に対する心理的な安堵感があげられます．

つぎに，コンピュータは使うけれども，それをメインにするほど毎日の仕事内容が過酷ではない人を対象として，120分のVDT作業における眼精疲労の回復処置（「補色＋3次元(3D)の仮想遠点動画像」の併用）に対する5段階の尺度評価の結果を図11.10に示します．

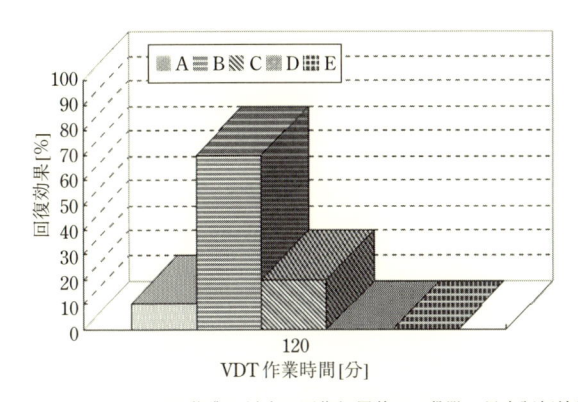

図11.10　120分のVDT作業に対する回復処置後の5段階の尺度評価結果

120分のVDT作業後に「補色＋3次元(3D)の仮想遠点動画像」を用いて回復処置を施した場合，「A：眼精疲労が回復せずに，そのまま残っている」が10％を占め，「B：眼精疲労がやや回復し，疲労感もわずかに減少した」が70％，「C：眼精疲労が比較的回復し，疲労感もかなり減少した」は20％をそれぞれ占めました．

図11.9と図11.10の双方の結果から共通して言えることは，「E：眼精疲労がすっかり回復し，疲労感をまったく感じない」という被験者が1人も現れないことです．それは，眼精疲労の回復効果は認められても，まだ，身体のすみのどこかに僅かながらも疲労感が残存していると感じているからだと思われます．

11.2.3　眼精疲労の回復処置

以上のような実験と評価結果から，補色を見せて網膜の興奮を抑制させ，3次元(3D)の仮想遠点動画像を見せて固化した毛様体筋の伸縮を円滑にさせるとい

う2種類の機能回復システムの併用が，眼精疲労に有用であることがわかりました．特に，60分ごとのVDT作業における眼精疲労の回復処置は顕著で，システムエンジニアやプログラマーなどに有効であり，それ以外の人たちでも，90分から120分程度のVDT作業後に回復処置を施せば，日周性疲労の範囲を維持できることがわかりました．なお，VDT作業者への「補色＋3次元(3D)の仮想遠点動画像」の提示時間は，本章11.1に記述済みです．回復処置に至る指標については，疲労の発生部位別に次節以降で検討します．

11.3 VDT作業時間と眼精疲労の回復に関する指標

5段階のカテゴリ尺度の評価結果に基づいて，眼精疲労の回復処置に至るVDT作業時間を60分から120分に決めたのですが，その時間を気にせずにVDT作業に専念しながら回復処置に移行できるように，疲労の症状から回復処置に至る指標を調べることにしました．回復処置に至る指標の発生部位として，①眼の調節機能，②眼部，③頭脳，④眼部と頭脳以外の4種類を考えました．また，眼精疲労の回復効果を示す指標についても，①〜④の疲労の発生部位から検討することにしています．

11.3.1 VDT作業時間の指標

疲労の発生部位別に得られた質問表の結果を用いて，回復処置に至る指標を検討しました(付録4参照)[11-10]．

(1) 眼の調節機能

120分のVDT作業における被験者の評価結果で，「B：目がチラチラする」は10％から80％まで増加の一途をたどり，他の指標に比べて突出した変化を示しました(図11.11参照)．そこで，眼の調節機能の低下の指標を「目がチラチラする」としました．

(2) 眼部に見られる疲労

30分のVDT作業で40％の被験者が「B：目が乾く」をチェックし，60分後になると60％まで上昇し，そのまま飽和しました(図11.12参照)．比較的早期に疲労が発生するので，システムエンジニアやプログラマーなど過酷なVDT作

11.3 VDT作業時間と眼精疲労の回復に関する指標

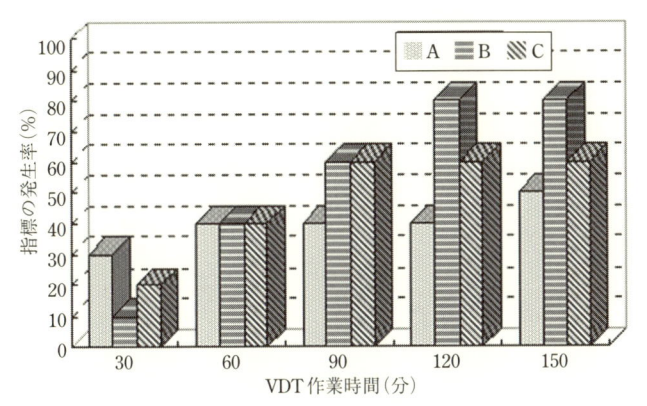

ただし，A：画面を見つめていると映像がぼけることがある
B：目がチラチラする，C：目がかすむ

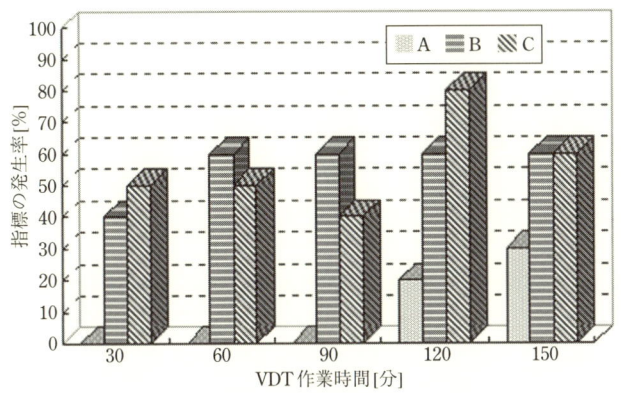

図 11.11 眼の調節機能の低下

ただし，A：瞼が熱い，B：目が乾く，C：目が痛い

図 11.12 眼部に見られる疲労

業に従事している人々の指標として，「目が乾く」を選択しました．

(3) 頭脳に見られる疲労

120 分の VDT 作業で，「C：頭がぼんやりする」は 10 % から 60 % まで増加の一途をたどり，60 分後はまだ指標として明確化できるほどではありませんが，120 分後には 60 % の者が「C：頭がぼんやりする」チェックし，飽和しました（図 11.13 参照）．比較的遅い時間に疲労が発生するので，コンピュータは扱う

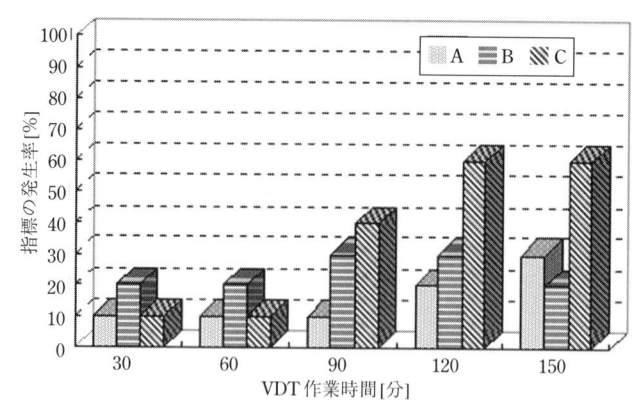

ただし，A：前頭部が重い，B：後頭部が重い，C：頭がぼんやりする

図11.13　頭脳に見られる疲労

けれどもそれほど過酷な VDT 作業を伴わない人々の指標として，「頭がぼんやりする」を選択しました．

(4) 眼部と頭脳以外に見られる疲労

30 分の VDT 作業後に 60 % の被験者が「A：肩や首筋がこっている」をチェックした後，60 分後からほぼ飽和状態になりました（図 11.14 参照）．作業すれば「肩や首筋がこる」というのは常識で，一番理解が得られやすいので，眼部と頭

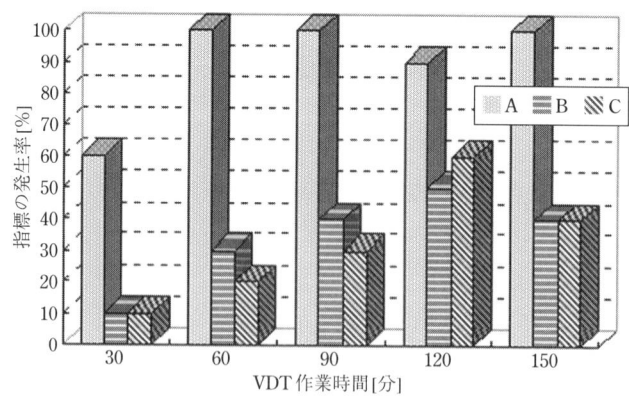

ただし，A：肩や首筋がこっている，B：腰が痛い，C：身体がだるい

図11.14　眼部と頭脳以外に見られる疲労

脳以外に見られる疲労の指標としました．

11.3.2 回復処置に至る疲労の指標

VDT 作業において，どの部位にどの程度の疲労を感じたら疲労の回復処置を施すべきか，そこに至る発生部位別の疲労の指標と発生率（最小値，最大値）をまとめて，表 11.2 に示します．表中の指標が 2 項目以上現れた場合は，回復処置を施し，さらに，処置後に身体のすみに疲労が僅かでも残存するようであれば，その状態に応じてコーヒーブレイク程度の休息を付加することをお薦めします．

表 11.2 回復処置に至る疲労の指標とその発生率

視機能低下と疲労の発生部位	疲労の指標	指標の発生率 [%]	
		最小値	最大値
眼の調節機能の低下	目がちらちらする	10	80
眼部の症状	目が乾く	40	60
頭脳の症状	頭がぼんやりする	10	60
眼部と頭脳以外の症状	肩や首筋がこっている	60	100

11.3.3 疲労の回復効果

「システムエンジニアやプログラマーは 60 分の VDT 作業で眼精疲労の回復処置を施し，その他の人々は 120 分の VDT 作業で回復処置を施す」，あるいは，「表 11.2 の指標が 2 項目以上現れたときに眼精疲労の回復処置を施す」のいずれの方法をとっても，疲労は日周性疲労の範囲に保持されます．両者の違いは，回復処置に至る VDT 作業時間を知る方法が「時間であるか」，「指標であるか」だけなのです．ただ，時間を気にしながら仕事をするより，仕事に集中することに力点をおくとすれば，指標から VDT 作業時間における回復処置を知る方法が有用です．

ここで述べる眼精疲労の回復処置は，寒色系の補色を見せて興奮を抑制し，3 次元（3D）の仮想遠点動画像を見せて調節機能を回復させることの併用を指しています．つまり，眼精疲労の回復は，どちらか一方を適用するのではなく，両方を併用することで最大効果が約束されます．次に，眼精疲労の回復処置後の効果

を示す指標を発生部位別に検討します[11-10]．

(1) 眼の調節機能の回復

60分と120分のVDT作業後に3次元(3D)の仮想遠点動画像を見せて，眼の調節機能の回復処置を施した結果を図11.15に示します．

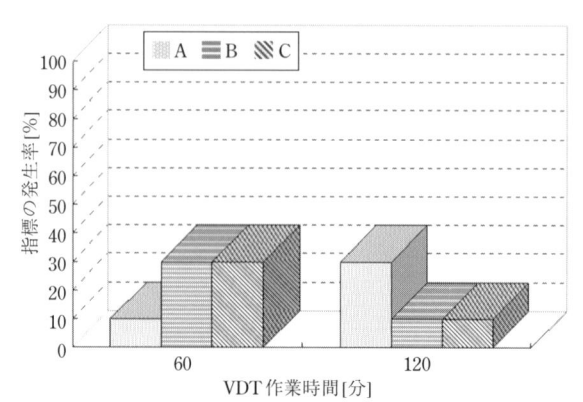

ただし，A：画面を見つめても，映像ぼけがみられなくなった．
B：目の周辺部の違和感がなくなった．
C：遠くがよく見えるようになった．

図11.15 眼の調節機能の回復

「B：目の周辺部の違和感がなくなった」と「C：遠くがよく見えるようになった」という指標をチェックした被験者は，VDT作業時間が60分から120分になると10％まで減少し，逆に「A：画面を見つめても，映像ぼけが見られなくなった」は，10％から30％まで増加する傾向を示しました．それは，3次元(3D)の仮想遠点動画像を縮小しながら奥に引くことで，機能が低下した毛様体筋の伸縮運動が活発になったことを表しています．ただ，「C：遠くがよく見えるようになった」が時間経過で減少したのは，3次元(3D)の仮想遠点動画像の出力だけで眼精疲労を回復させることの不十分さを表わしているようにも思えます．

(2) 眼部の疲労の回復

補色を見せてVDT作業で増加した生理的な興奮を鎮静化した後，3次元(3D)の仮想遠点動画像を見せて眼の調節機能の回復を図った場合の併用効果を，図11.16から検討します．

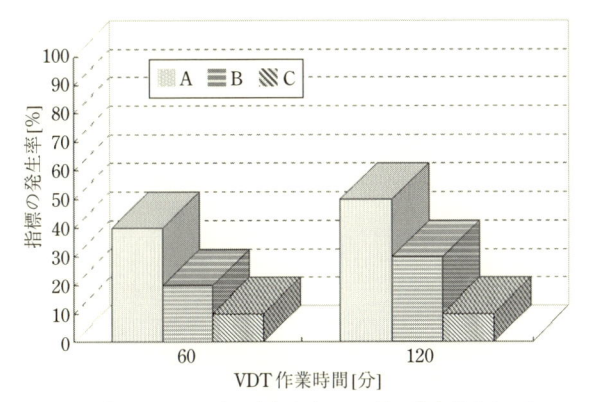

11.3 VDT作業時間と眼精疲労の回復に関する指標

ただし，A：目がすっきりした，B：目の乾きが止まった
C：目の痛さが解消した

図11.16 眼部の疲労の回復

「A：目がすっきりした」という指標が，他の回答に比べて突出しています．ただし，「C：目の痛さが解消した」まで疲労感の回復効果が拡大せずに「A：目がすっきりした」で止まっているのは，被験者の眼精疲労が極限まで陥っていない証拠であり，「補色による網膜上の色刺激の無彩色化システム」と「3次元(3D)の仮想遠点動画像による眼の調節機能の回復システム」の併用が，眼精疲労に対して十分な効果を示したと評価できます．

(3) 頭脳における疲労の回復

「補色＋3次元(3D)の仮想遠点動画像」を併用することによって，心理的抑圧感から頭脳がどの程度解放されるかを，図11.17から検討します．

VDT作業時間が60分から120分になると，「A：前額部の重苦しさが解消した」という指標をチェックした人が30％から40％まで増加したが，「B：後頭部の重苦しさが解消した」と「C：頭がすっきりした」をチェックした人は誰もいません．その理由として，負荷実験の作業内容が特定の文字を拾い出すだけの単調作業であったために，心理的抑圧感がそれほど深刻にならずに，比較的簡単に回復したことがあげられます．

(4) 眼部と頭脳以外の疲労の回復

眼部と頭脳以外に出現する疲労の回復状況を示す指標について，図11.18から検討します．

第 11 章　眼精疲労の回復

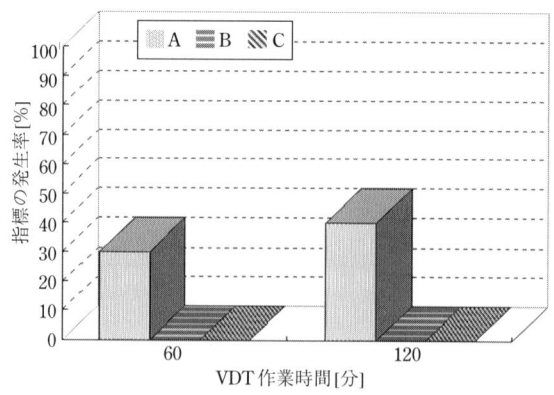

ただし，A：前額部の重苦しさが解消した，
　　　　B：後頭部の重苦しさが解消した
　　　　C：頭がすっきりした

図 11.17　頭脳における疲労の回復

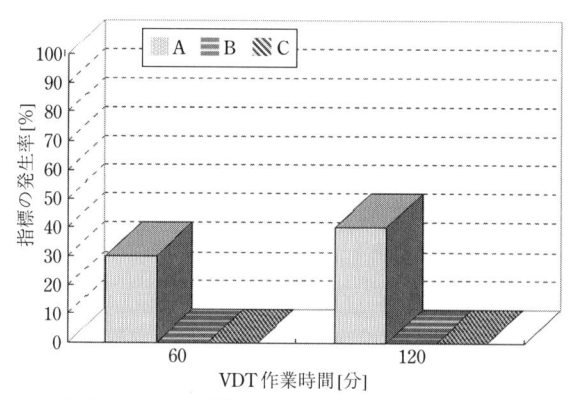

ただし，A：肩や首筋のこりが解消した，B：腰の痛みがとれた
　　　　C：身体が軽くなった

図 11.18　眼部と頭脳以外の疲労の回復

　120 分の VDT 作業で「A：肩や首筋のこりが解消した」をチェックした被験者が 20 ％いましたが，その他は皆無です．VDT 作業後に「補色＋3 次元(3D)の仮想遠点動画像」を見せたことで，被験者が心理的抑圧感からかなり解放されて，「A：肩や首筋のこりが解消した」をチェックしたと思われます．

11.3.4 疲労回復の指標

60 分から 120 分間の VDT 作業後に施した回復処置の効果を表す指標を，**表 11.3** に示します．指標が 2 項目以上現れた場合に，VDT 作業による眼精疲労が回復したと評価します．

表 11.3 疲労の回復を示す指標

視機能と疲労の回復部位	回復の指標	指標の発生率 [%]	
		最小値	最大値
眼の調節機能の回復	遠くがよく見える	10	30
眼部の回復	目がすっきりした	40	50
頭脳の回復	前額部の重苦しさが解消した	30	40
眼部と頭脳以外の回復	肩と首筋のこりが解消した	0	20

11.3.5 眼精疲労の回復処置と回復効果の指標

VDT 作業者が日周性疲労の範囲を維持しながら仕事を続けるために，60 分から 120 分間の VDT 作業で疲労を感じたら，「補色＋3 次元(3D)の仮想遠点動画像」を併用して回復処置を施します．そこで，回復処置に至る疲労の指標と，回復処置後の効果を示す指標を下記に示します．

① 眼精疲労の回復処置に至る指標として，「目がチラチラする」，「頭がぼんやりする」，「目が乾く」などがあげられます．

② 疲労の回復効果を示す指標として，「目がすっきりした」，「前額部の重苦しさが解消した」，「遠くがよく見える」，「肩や首筋のこりが解消した」などが得られました．

11.4 眼精疲労の回復方式

VDT 作業から眼精疲労を評価した後，回復処置に至る VDT 作業時間と，回復処置後の効果について評価しました．評価結果から，日周性疲労の範囲内で知的労働を続けるための 3 項目を下記に示します．

① VDT 作業の前後で，視感覚系(VDT 視力，眼位，フリッカ)，視器運動系(近点距離，輻湊角)，生理変化(脈圧，心拍数)などについて測定し，変化が

ないことを確認します.

② 疲労のカテゴリ尺度の評価結果から,回復処置に至る視作業時間の指標を求めます.回復処置に至る指標が見られたら,「補色＋3次元(3D)の仮想遠点動画像」を併用して,眼精疲労の回復処置を施します.

③ 眼精疲労の回復処置後の効果を指標でチェックします.

上記3項目を「VDT作業における眼精疲労の回復方式」にまとめ,その応用に関する一覧も含めて図 11.19 に示します [11-11], [11-12].

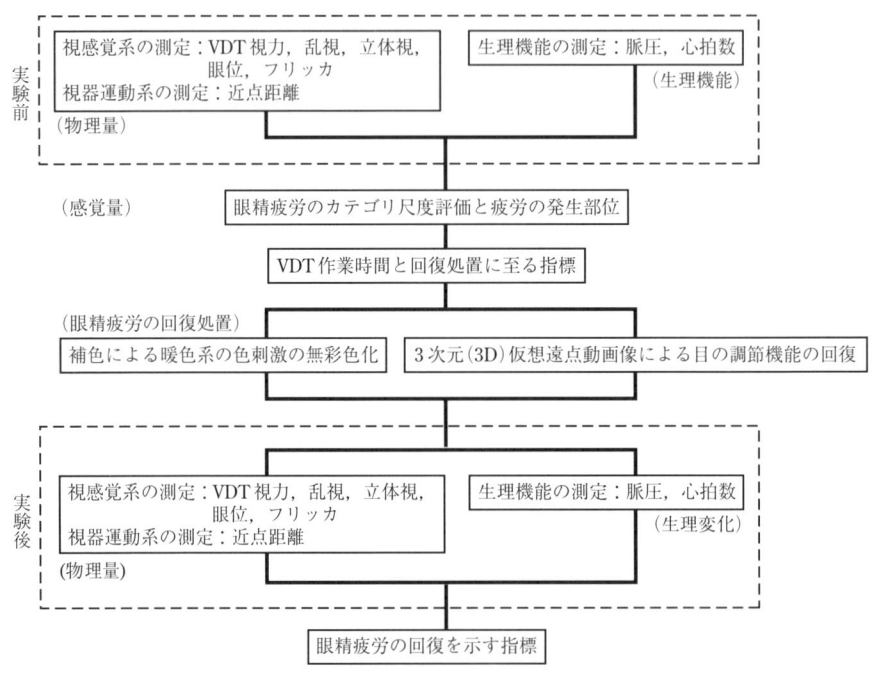

図 11.19 VDT作業における眼精疲労の回復方式

参考文献

[11-1] 鈴村昭弘：眼科 MOOK No.23 眼精疲労，主訴からする眼精疲労の診断，pp.1〜9，金原出版，1986.

[11-2] 鈴村昭弘：色彩と目の疲労，照明学会雑誌，46 (1)，pp.460〜137，1962.

[11-3] T. Muraoka, N. Nakashima, H. Ikeda, H. Sumiyoshi：A Pair of New Instruments Dedicated to Recovery from Visual Strain Caused by Video Data Terminal (VDT) Operations, Proceedings of the 2000 IEEE IECON (23rd International Conference on Industrial Electronics, Control, and Instrumentation), pp.258〜263, 2000.

[11-4] NEC フィールディング株式会社，村岡哲也：眼精疲労の回復機能付きディスプレイ制御装置，特許第 2944525 号.

[11-5] 村岡哲也：ものつくり革命，pp.103〜109，技報堂出版，2004.

[11-6] 石川馨，米山高範：分散分析法入門，pp.78 〜 107，日科技連，1983.

[11-7] T. Muraoka, N. Nakashima, H. Ikeda, Y. Ishizaki：Subjective Evaluation for Recovery from Visual Strain in Video Data Terminal Operation ― How to Recover from Visual Strain in VDT Operation ―, Proceedings of the 14th Korea Automatic Control Conference, International Session papers, pp.189〜193, 1999.

[11-8] D. A. Huffman：Impossible Objects as Nonsence Sentences, Machine Intelligence, 6, pp.295〜324, 1971.

[11-9] T. Muraoka, N. Nakashima, S. Mizushina, H. Ikeda, Y. Shimodaira：Subjective Evaluation of Physiological Fatigue in Video Data Terminal Operation, Proceedings of Image Processing, Image Quality, Image Capture, System Conference (IS&T's 1998 PICS Conference), pp.266〜270, 1998.

[11-10] 鈴村昭弘：VDT 作業の疲労を防ぐ 問診表からの健康管理，労働衛生，26 (1)，pp.47〜49，1985.

[11-11] T. Muraoka, N. Nakashima, H. Ikeda, S. Shimada：Method of Recovery from Visual Strain Caused by Video Data Terminal Operations, Proceedings of Image Processing, Image Quality, Image Capture, System Conference, The Society for Imaging Science and Technology, pp.99〜102, 2000.

[11-12] T. Muraoka, H. Ikeda：Selection of Display Device Types Used at Man-Machine Interfaces Based on Human Factors, IEEE Transactions on Industrial Electronics, 51 (2), pp.501〜506, 2004.

第12章
ニューバージョンの知的労働形態の提案

　VDT作業における疲労は眼部だけでなく，脳を含めた身体のあらゆる部位に現れます．肉体労働の筋肉疲労に比べて，心理的抑圧感を伴う精神疲労が大部分を占めるだけに，無理を重ねると，日周性疲労をオーバーした分が日ごとに蓄積していきます．それに心の悩みが付加されると，心身症に移行して，回復に長期間の入院と専門医の治療が必要になってきます．

　心身症予備軍である蓄積疲労に陥らず，日々の就労意欲を失わないためには，日周性疲労の範囲を保持することが肝心です．しかし，就労者の心理や生理を含めた複雑なデータを，通常の物理測定から得ることはほとんど不可能です．そこで，第10章の「VDT作業における眼精疲労の評価方式」に，第11章の「VDT作業における眼精疲労の回復方式」を連結させて，就労者の疲労を日周性疲労の範囲内に保持できる，ニューバージョンの知的労働スタイルを考案しました．考案した知的労働スタイルのニューバージョンを提案するために，それを図12.1のフローチャートに表しました[12-1], [12-2]．

　日周性疲労の範囲をオーバーしそうになると，「回復処置の指標」[12-3]が認識されるので，ただちに，「補色による網膜上の色刺激の無彩色化システム」と「仮想遠点動画像による眼の調節機能の回復システム」[12-4]を併用して，眼精疲労の回復処置を施します．回復効果も，やはり指標でチェックします[12-5]．さらに，疲労の症状に応じてコーヒーブレイク程度の休息を付加すれば，眼部以外の身体部分や精神面の疲労回復も含めて，効果が倍加します．このように日周性疲労の保持に努めれば，就労意欲のある朝を毎日迎えることが可能です．

第 12 章　ニューバージョンの知的労働形態の提案

```
                          VDT作業
                            │
(視機能の低下いき)    ┌───────┴───────┐
                眼の調節機能低下の測定結果   回復処置の指標
                    └───────┬───────┘
(眼精疲労の回復処置)
         ┌──────────────┼──────────────┐
  補色による暖色系の    3次元(3D)仮想遠点動画像    コーヒーブレイク
  色刺激の無彩色化     による眼の調節機能の回復    (症状に応じて)
         └──────────────┼──────────────┘
                            │
                      回復効果を示す指標
                            │
                         VDT作業
                            ┆
                      回復効果を示す指標
                            │
                         VDT作業
                            ┆
                      回復効果を示す指標
                            │
                         VDT作業
                            │
(視機能の低下いき)    ┌───────┴───────┐
                眼の調節機能低下の測定結果   回復処置の指標
                    └───────┬───────┘
(眼精疲労の回復処置)
         ┌──────────────┼──────────────┐
  補色による暖色系の    3次元(3D)仮想遠点動画像    コーヒーブレイク
  色刺激の無彩色化     による眼の調節機能の回復    (症状に応じて)
         └──────────────┼──────────────┘
                            │
                      回復効果を示す指標
```

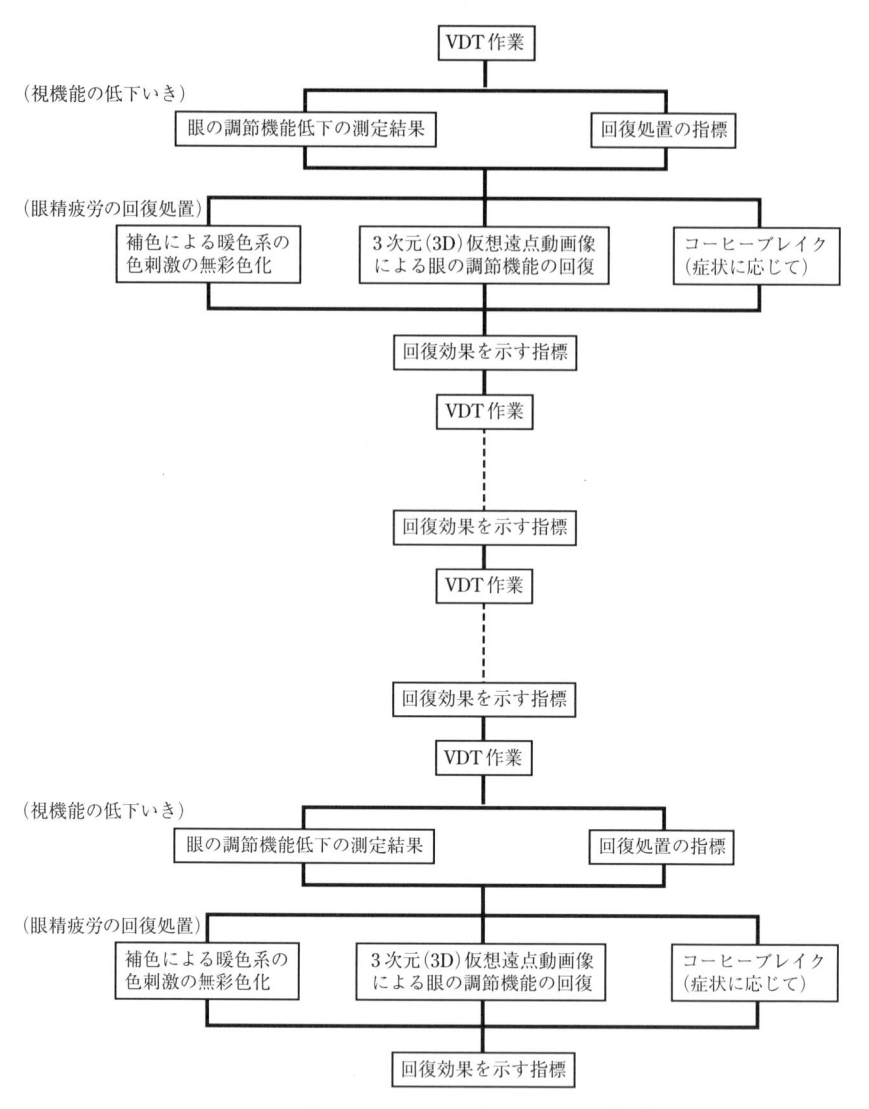

図12.1　ニューバージョンの知的労働形態

参考文献

[12-1] T. Muraoka, N. Nakashima, S. Mizushina, H. Ikeda : Evaluation Method of Fatigue Caused by Video Data Terminal Operations, Proceedings of Image Processing, Image Quality, Image Capture, System Conference, The Society for Imaging Science and Technology, pp.407〜411, 2001.

[12-2] T. Muraoka, N. Nakashima, H. Ikeda : Electronic Method for Evaluation and Recovery of Visual Strain Caused by Video Data Terminal Operations in Industry, Conference Record of the 2002 IEEE Industry Applications Conference 37th IAS Annual Meeting, pp.485〜492, 2002.

[12-3] T. Muraoka, N. Nakashima, S. Mizushina, Y. Shimodaira, H. Ikeda : A New Instrument for Measuring Visual Strain Caused by Video Data Terminal Operations, Conference Record of the 1998 IEEE Industry Applications Society 33rd Annual Meeting, pp.1674〜1678, 1998.

[12-4] T. Muraoka, N. Nakashima, H. Ikeda, H. Sumiyoshi : A Pair of New Instruments Dedicated to Recovery from Visual Strain Caused by Video Data Terminal (VDT) Operations, Proceedings of the 2000 IEEE IECON (23rd International Conference on Industrial Electronics, Control, and Instrumentation), pp.258〜263, 2000.

[12-5] T. Muraoka, N. Nakashima, H. Ikeda, S. Shimada : Method of Recovery from Visual Strain Caused by Video Data Terminal Operations, Proceedings of Image Processing, Image Quality, Image Capture, System Conference, The Society for Imaging Science and Technology, pp.99〜102, 2000.

第13章
心理物理学実験手法のまとめと今後の展開

13.1 心理物理学実験手法

13.1.1 実験手法

　心理物理学の根幹をなす基礎編は，感覚を物理量で評価する精神物理学です．本書は，それを数字表示器における視認性(明視性と可読性)の評価実験に適用しました．応用編はカテゴリの尺度評価を中心とした現代心理物理学で，眼精疲労の評価・回復実験に応用しました．さらに，両者で頻繁に使われた視覚心理物理学実験手法とデータ解析法が五感(視覚，聴覚，触覚，嗅覚，味覚)のすべてに適用できるように配慮し，人間との関わりを重視した研究・開発を志す人々のために，実例を上げてわかりやすく解説しました．
　眼精疲労の評価実験結果から「眼精疲労の評価方式」を提案し[13-1]，回復実験結果からは「眼精疲労の回復方式」を提案しました[13-2]．両者とも普遍的な提案に到達したことで，一応は研究の完成を見たのですが，これだけでは不十分です．まだ，一方通行で，双方向の円滑通行にはなっていません．つまり，数学の証明でいえば，必要十分条件の必要条件を満足しているだけで，もう一方の十分条件を満足するまでには至っていないのです．なにが欠落しているのか…?，あるいは，なにが不十分なのか…?
　それは，テーマとして掲げた研究の成果が得られただけで，工学のもう一本の大きな支柱である科学技術の発展や生活の向上に，成果が十分反映されていないことです．つまり，工学の場合は究極の目的が発明なので，「ものつくりを含めた研究成果の公表，特許の取得，および製品化」までを必要十分条件と考えて，

一連の研究・開発を展開するべきであると考えます．

著者の場合は，「視機能の測定システムの開発[13-3]」→「眼精疲労の評価実験[13-4], [13-5]」→「眼精疲労の評価方式の提案[13-1]」→「眼精疲労の回復システムの開発[13-6], [13-7]」→「眼精疲労の回復実験[13-8]」→「眼精疲労の回復方式の提案[13-2]」→「眼精疲労の評価・回復方式の提案[13-9]」の順で，いつも段階を追って研究を進めてまいりました．その一連の研究・開発の成果として，「視機能の測定システム」を国際会議に公表すると同時に，そのシステムの特許申請もしました[13-10]．「眼精疲労の回復システム」についても同様です[13-11]．それでも，まだ，研究・開発成果の製品化が残っています．

工学の研究者として大事なことは，何らかのテーマで研究を始めて，何か成果が得られたら，それを糸口に順次窓口を広げていこうというような，ただ漠然と内側から外へ掘り進むような方法は避けなければなりません．研究・開発を始める前に計画をしっかり立てて，進行途上でも「何処までわかって，まだ，何がわかっていないのか」，しっかりした考えのもとに研究・開発を進めていかなければ，成果が得られても漠然としてまとまりがなく，科学技術に応用できません．あくまで，研究・開発全体を把握したうえで，先ほど述べた「視機能の低下の測定システムの開発」→「評価実験」……→「眼精疲労の評価・回復方式の提案」の順で進める「眼精疲労の評価・回復に関する研究・開発プロセス」のように，全体をどのように細切れに区切って順次計画的に研究・開発を進めていくか緻密に検討するべきです．

例えば，演劇は，プロデューサーが全体の責任を負って，演出家が一幕一幕を担当します．研究・開発では，プロデューサーの役目も，演出家の役目も，両方とも研究計画を企画・立案した研究者自身がつとめなければなりません．それができるようでなければ，一人前の研究者とはいえません．そのことは，研究・開発を続ける限り，ずっと忘れないでいただきたいと思います．

13.1.2 条件設定と測定データ

心理物理学実験は「ものさし」である測定器の役目を被験者がつとめるので，市販の測定器に慣らされてきた頭の固い研究者は，これまで経験してきた物理量に基づく見識を捨てきれず，得られる測定データも「バラツキが大きく正規分布

しないだろう」と初めから決めつけてチェックをします．その結果，「ほーら，やはり思った通りだ．測定データのバラツキが大きすぎる．曖昧な人間を測定器にして正確なデータが得られるはずがない」という一言で幕引きがなされ，The end を迎えます．

しかし，第9章心理物理学の「9.2 カテゴリ評価の尺度とものさし」の中で述べたように，基本的な条件設定を順守して得られた測定データであれば，それは正規分布をしていないのではなく，バラツキの範囲，すなわち，精度がそのレベルなのです．精度が悪すぎて目的とした特性が抽出されず，それがバラツキの中に埋没しているようであれば，バラツキの大きいデータが計測された原因を解明して，実験手法を改善するべきです．改善した新しい方法で再実験すれば，きっと目的の特性が抽出されるようになるはずです．

尺度評価のためのカテゴリは，第9章心理物理学の「9.3 評価尺度に対するカテゴリ表現」で述べた通り，カテゴリを被験者のすべてが等間隔の尺度で，同じ理解に立てるような表現にすることが基本です．カテゴリ尺度の決め方の詳細は記載事項を再度読み返してください．不幸にして，カテゴリの尺度による評価実験で測定データが等間隔に配列せずに偏ったり，いくぶんバラツキを見せたりした場合に，何の考えもなく，その部分の測定データを補正するのではなく，以下の2項目について詳細に検討した後，補正するか否かの判断をしてください．

①実験目的以外の要因が影響を及ぼしている場合，目的のデータが正確に得られるように条件設定をやり直して，再実験をしてください．

②条件設定がきちんとなされていて，測定データの特定の部分だけが偏った場合は，偏った部分を等間隔に補正し，正規分布データに変換した上で使用してください．しかし，測定データが等間隔に配列せずにバラバラになるような場合は，カテゴリ表現が等間隔で被験者に理解されるように書き直した後，再実験してください．カテゴリ表現に文学的要素は必要なく，簡潔で被験者全員が同じ理解に立てることが基本です．

以上おわかりのように，心理物理学実験では，データがおかしい場合はほとんどが再実験を行う方向です．ある決まった部分だけが偏ったり，バラツキを見せた場合にのみ補正が許されることであって，バラツキをもったデータを安易に補正するという考えは，今ここで読者自身の頭の中から棄て去ってください．

カテゴリ尺度評価だけに終始すると，実験条件が異なれば測定データ同士の比較ができなくなるので，一連の実験の中で1項目は，必ず精神物理学の「ものさし」による共通の測定データを採取しておいてください．そうすれば，間接的ではありますが，共通の測定データを介して，カテゴリの尺度評価の実験結果同士を相互比較することが可能になります．

最後にもう一つ，負荷をかけたときの被験者の身体部位の変化もいっしょにカテゴリの尺度評価をしておけば，様々な分野でいっそう有用性が高まってくると思われます．

13.2　今後の展開

視覚心理物理学実験手法の基礎と応用についてわかりやすく解説しました．そして，その実験手法が聴覚，触覚，嗅覚，味覚など，五感のすべてに応用できるように配慮しました．この五感の研究をベースに幅広い展開を図れば，徐々に心の解析に向けてグレードアップします．つまり，

$$〔心理物理学〕＝〔心理学〕\cap〔物理学〕$$

で表現されるので，それに生理学を付加させて，

$$〔心理学〕\cap〔物理学〕\cap〔生理学〕$$

まで進展させます．その成果にメカニズムが付加すれば，学習機能をもった現代版ヒューマノイドを超えて，高度な学習能力，知的な判断力，および情動などを併せもった自立型ヒューマノイドの誕生も，夢ではなく現実味を帯びてきます．

メカトロニクス時代は，高品質・大量生産のために産業用ロボットが中心的な活躍をし，「加工賃稼ぎ＋α」で日本経済を支えてきたわけですが，それも役目を終えようとしています．次世代は，「加工賃稼ぎ＋α」ではなく，人間の知恵が付加価値を左右します．すなわち，人間の知恵が新規性・独創性・社会的有用性を併せもつ製品を創製し，それが付加価値を高めて，経済という歯車のサイズと回転速度を決める要素となります．それゆえ，独創的で社会的有用性のある高付加価値の新製品開発の過程で，人間科学ともいうべき心理物理学が，今後，益々

重要視されるものと確信します．

参考文献

[13-1]　T. Muraoka, N. Nakashima, S. Mizushina, H. Ikeda : Evaluation Method of Fatigue Caused by Video Data Terminal Operations, Proceedings of Image Processing, Image Quality, Image Capture, System Conference, The Society for Imaging Science and Technology, pp.407～411, 2001.

[13-2]　T. Muraoka, N. Nakashima, H. Ikeda, S. Shimada : Method of Recovery from Visual Strain Caused by Video Data Terminal Operations, Proceedings of Image Processing, Image Quality, Image Capture, System Conference, The Society for Imaging Science and Technology, pp.99～102, 2000.

[13-3]　T. Muraoka, N. Nakashima, S. Mizushina, Y. Shimodaira, H. Ikeda : A New Instrument for Measuring Visual Strain Caused by Video Data Terminal Operations, Conference Record of the 1998 IEEE Industry Applications Society 33rd Annual Meeting, pp.1674～1678, 1998.

[13-4]　村岡哲也：ものつくり革命，pp.95～100，技報堂出版，2004.

[13-5]　T. Muraoka, N. Nakashima, S. Mizushina, H. Ikeda, Y. Shimodaira : Subjective Evaluation of Physiological Fatigue in Video Data Terminal Operation, Proceedings of Image Processing, Image Quality, Image Capture, System Conference (IS&T's 1998 PICS Conference), pp.266～270, 1998.

[13-6]　Dedicated to Recovery from Visual Strain Caused by Video Data Terminal (VDT) Operations, Proceedings of the 2000 IEEE IECON (23rd International Conference on Industrial Electronics, Control, and Instrumentation), pp.258～263, 2000.

[13-7]　村岡哲也：ものつくり革命，pp.103～109，技報堂出版，2004.

[13-8]　T. Muraoka, N. Nakashima, H. Ikeda, Y. Ishizaki : Subjective Evaluation for Recovery from Visual Strain in Video Data Terminal Operation — How to Recover from Visual Strain in VDT Operation —, Proceedings of the 14th Korea Automatic Control Conference, International Session papers, pp.189～193, 1999.

[13-9]　T. Muraoka, N. Nakashima, H. Ikeda : Electronic Method for Evaluation and Recovery of Visual Strain Caused by Video Data Terminal Operations in Industry, Conference Record of the 2002 IEEE Industry Applications Conference 37th IAS Annual Meeting, pp.485～492, 2002.

[13-10]　鷲尾一，下平美文，村岡哲也：映像信号処理回路および表示装置，特願95-01242, 1995.

[13-11]　NECフィールディング株式会社，村岡哲也：眼精疲労の回復機能付きディスプレイ制御装置，特許第2944525号．

付　　録

付録 1 F-分布表
（上段は $\alpha = 5\%$ の F 値，下段は $\alpha = 1\%$ の F 値）

付録 2 t-分布表
$t_n(P)$　　$n =$ 自由度，$P =$ 有意水準

付録 3 眼精疲労の評価(負荷)実験に関する質問表

付録 4 眼精疲労の回復実験に関する質問表

付録 1

F-分布表（上段は $\alpha = 5\%$ の F 値，下段は $\alpha = 1\%$ の F 値）
$F_{n_2}^{n_1}(\alpha)$　　$n_1 =$ 分子の自由度，$n_2 =$ 分母の自由度

n_2 \ n_1	1	2	3	4	5	6	10	20	30	40	50	100	∞
1	161 4 052	200 4 999	216 5 403	225 5 625	230 5 764	234 5 859	242 6 056	248 6 208	250 6 261	251 6 286	252 6 302	253 6 334	254 6 366
2	18.51 98.49	19.00 99.00	19.16 99.17	19.25 99.25	19.30 99.30	19.33 99.33	19.39 99.40	19.44 99.45	19.46 99.47	19.47 99.48	19.47 99.48	19.49 99.49	19.50 99.50
3	10.13 34.12	9.55 30.82	9.28 29.46	9.12 28.71	9.01 28.24	8.94 27.91	8.78 27.23	8.66 26.69	8.62 26.50	8.60 26.41	8.58 26.35	8.56 26.23	8.53 26.12
4	7.71 21.20	6.94 18.00	6.59 16.69	6.39 15.98	6.26 15.52	6.16 15.21	5.96 14.54	5.80 14.02	5.74 13.83	5.71 13.74	5.70 13.69	5.66 13.57	5.63 13.46
5	6.61 16.26	5.79 13.27	5.41 12.06	5.19 11.39	5.05 10.97	4.95 10.67	4.74 10.05	4.56 9.55	4.50 9.38	4.46 9.29	4.44 9.24	4.40 9.13	4.36 9.02
6	5.99 13.74	5.14 10.92	4.76 9.78	4.53 9.15	4.39 8.75	4.28 8.47	4.06 7.87	3.87 7.39	3.81<7.23	3.77 7.14	3.75 7.09	3.71 6.99	3.67 6.88
7	5.59 12.25	4.74 9.55	4.35 8.45	4.12 7.85	3.97 7.46	3.87 7.19	3.63 6.62	3.44 6.15	3.38 5.98	3.34 5.90	3.32 5.85	3.28 5.75	3.23 5.65
8	5.32 11.26	4.46 8.65	4.07 7.59	3.84 7.01	3.69 6.63	3.58 6.37	3.34 5.82	3.15 5.36	3.08 5.20	3.05 5.11	3.03 5.06	2.98 4.96	2.93 4.86
9	5.12 10.56	4.26 8.02	3.86 6.99	3.63 6.42	3.48 6.06	3.37 5.80	3.13 5.26	2.93 4.80	2.86 4.64	2.82 4.56	2.80 4.51	2.76 4.41	2.71 4.31
10	4.96 10.04	4.10 7.56	3.71 6.55	3.48 5.99	3.33 5.64	3.22 5.39	2.97 4.85	2.77 4.41	2.70 4.25	2.67 4.17	2.64 4.12	2.59 4.01	2.54 3.91
20	4.35 8.10	3.49 5.85	3.10 4.94	2.87 4.43	2.71 4.10	2.60 3.87	2.35 3.37	2.12 2.94	2.04 2.77	1.99 2.69	1.96 2.63	1.90 2.53	1.84 2.42
40	4.08 7.31	3.23 5.18	2.84 4.31	2.61 3.83	2.45 3.51	2.34 3.29	2.07 2.80	1.84 2.37	1.74 2.20	1.69 2.11	1.66 2.05	1.59 1.94	1.51 1.81
60	4.00 7.08	3.15 4.98	2.76 4.13	2.52 3.65	2.37 3.34	2.25 3.12	1.99 2.63	1.75 2.20	1.65 2.03	1.59 1.96	1.56 1.87	1.48 1.74	1.39 1.60
80	3.96 6.96	3.11 4.88	2.72 4.04	2.48 3.56	2.33 3.25	2.21 3.04	1.95 2.55	1.70 2.11	1.60 1.94	1.54 1.84	1.51 1.78	1.42 1.65	1.32 1.49
100	3.94 6.90	3.09 4.82	2.70 3.98	2.46 3.51	2.30 3.20	2.19 2.99	1.92 2.51	1.68 2.06	1.57 1.89	1.51 1.79	1.48 1.73	1.39 1.59	1.28 1.43
200	3.89 6.76	3.04 4.71	2.65 3.88	2.41 3.41	2.26 3.11	2.14 2.90	1.87 2.41	1.62 1.97	1.52 1.79	1.45 1.69	1.42 1.62	1.32 1.48	1.19 1.28
400	3.86 6.70	3.02 4.66	2.62 3.83	2.39 3.36	2.23 3.06	2.12 2.85	1.85 2.37	1.60 1.92	1.49 1.74	1.42 1.64	1.38 1.57	1.28 1.42	1.13 1.19
1 000	3.85 6.66	3.00 4.62	2.61 3.80	2.38 3.34	2.22 3.04	2.10 2.82	1.84 2.34	1.58 1.89	1.47 1.71	1.41 1.61	1.36 1.54	1.26 1.38	1.08 1.11
∞	3.84 6.64	2.99 4.60	2.60 3.78	2.37 3.32	2.21 3.02	2.09 2.80	1.83 2.32	1.57 1.87	1.46 1.69	1.40 1.59	1.35 1.52	1.24 1.36	1.00 1.00

付録 2 t-分布表

$t_n(P)$　$n=$自由度，$P=$有意水準

P \ n	0.100	0.05	0.01	0.005	0.001
1	6.314	12.706	63.657		
2	2.920	4.303	9.925	14.089	31.598
3	2.353	3.182	5.841	7.453	12.941
4	2.132	2.776	4.604	5.598	8.610
5	2.015	2.571	4.032	4.773	6.859
6	1.943	2.447	3.707	4.317	5.959
7	1.895	2.365	3.499	4.029	5.405
8	1.860	2.306	3.355	3.832	5.041
9	1.833	2.262	3.250	3.690	4.781
10	1.812	2.228	3.169	3.581	4.587
11	1.796	2.201	3.106	3.497	4.437
12	1.782	2.179	3.055	3.428	4.318
13	1.771	2.160	3.012	3.372	4.221
14	1.761	2.145	2.977	3.326	4.140
15	1.753	2.131	2.947	3.286	4.073
16	1.746	2.120	2.921	3.252	4.015
17	1.740	2.110	2.898	3.222	3.965
18	1.734	2.101	2.878	3.197	3.922
19	1.729	2.093	2.861	3.174	3.883
20	1.725	2.086	2.845	3.153	3.850
21	1.721	2.080	2.831	3.135	3.819
22	1.717	2.074	2.819	3.119	3.792
23	1.714	2.069	2.807	3.104	3.767
24	1.711	2.064	2.797	3.090	3.745
25	1.708	2.060	2.787	3.078	3.725
26	1.706	2.056	2.779	3.067	3.707
27	1.703	2.052	2.771	3.056	3.690
28	1.701	2.048	2.763	3.047	3.674
29	1.699	2.045	2.756	3.038	3.659
30	1.697	2.042	2.750	3.030	3.646
40	1.684	2.021	2.704	2.971	3.551
50	1.676	2.008	2.678	2.937	3.496
60	1.671	2.000	2.660	2.915	3.460
70	1.667	1.994	2.648	2.899	3.435
80	1.665	1.989	2.638	2.887	3.416
90	1.662	1.986	2.631	2.878	3.402
100	1.661	1.982	2.625	2.871	3.390
120	1.658	1.980	2.617	2.860	3.373
∞	1.6448	1.9600	2.5758	2.8070	3.2905

付録 3　眼精疲労の評価(負荷)実験に関する質問表

測定日＿＿年＿＿月＿＿日　天候＿＿＿，温度＿＿＿℃，湿度＿＿＿％
視対象＿＿＿＿＿＿＿（背景赤色）

氏名＿＿＿＿＿＿＿＿＿＿男・女＿＿＿＿歳　昭和＿＿＿年＿＿月＿＿日生
職業＿＿＿＿＿＿＿＿＿＿利き腕（右・左）
就寝時刻＿＿＿時＿＿＿分　起床時刻＿＿＿時＿＿＿分　睡眠時間＿＿＿時間＿＿＿分
食後経過時間＿＿＿時間＿＿＿分

※ VDT 作業前に記入してください．
☆自分の性格について，該当する方に○印をつけてください．
・一つのことに集中できる．　Yes・No　・積極的である．　Yes・No
☆過去に大きな病気をしたことがあれば，差し仕えのない範囲で書いてください．
　（　　　　　　　　　　　　　　　　　　　　　　　　　　　　　　　　）
☆現在の自分の体調について，該当するものに○印をつけてください．
　（　）体調が悪い．　（　）普通．　（　）体調がよい．
☆現在の自分の疲労感について，該当する方に○印をつけてください．
　（　）疲労感がある．　（　）疲労感がない．

※ VDT 作業後に記入してください．
☆ VDT 作業後の疲労について，該当するものに○印をつけてください．
　（　）疲労を感じない．　（　）疲労を感じた．
　（　）疲労が大きすぎて，VDT 作業を続けるのがいやだ．
☆ VDT 作業後の①から④の症状について，該当するものに○印をつけてください．
　（いくつ○印をつけていただいても結構です）．
　①眼部に見られる症状
　　（　）瞼が熱い．　　　　（　）目が乾く．　　（　）目が痛い．
　②眼の調節機能の低下
　　（　）画面を見つめていると映像がぼけることがある．
　　（　）目がチラチラする．　　（　）目がかすむ．
　③頭脳に見られる症状
　　（　）前額部が重い．　（　）後頭部が重い．　（　）頭がぼんやりする．
　④身体に見られる症状
　　（　）肩や首筋がこっている．　（　）腰が痛い．　（　）身体がだるい．

＊ VDT 作業のたびに，同様の質問を VDT 作業者に記入させます．

| 付録 4 | 眼精疲労の回復実験に関する質問表 |

測定日___年___月___日　天候___，温度___℃，湿度___％

氏名_____　男・女___歳　昭和___年___月___日生

職業_____　利き腕（右・左）

就寝時刻___時___分　起床時刻___時___分　睡眠時間___時間___分

食後経過時間___時間___分

視対象_____（背景赤色），補色の提示時間 47 秒，3 次元(3D)の仮想遠点動画像の提示時間 39 秒

※ VDT 作業前に記入してください．

☆自分の性格について，該当する方に〇印をつけてください．

　　・一つのことに集中できる．　　Yes・No　　・積極的である．　　　Yes・No

☆過去に大きな病気をしたことがあれば，差し仕えのない範囲で書いてください．

　　（　　　　　　　　　　　　　　　　　　　　　　　　　　　　　）

☆現在の自分の体調について，該当するものに〇印をつけてください．

　　（　）体調が悪い．　　（　）普通．　　（　）体調がよい．

☆現在の自分の疲労感について，該当するものに〇印をつけてください．

　　（　）疲労感がある．　　（　）疲労感がない．

※ VDT 作業後に記入してください．

☆ VDT 作業後の疲労について，該当するものに〇印をつけてください．

　　（　）疲労をまったく感じない．

　　（　）やや疲労を感じた．

　　（　）疲労を感じた．

　　（　）かなり疲労を感じた．

　　（　）疲労感が大きすぎて，VDT 作業を続けるのがいやだ．

☆補色と仮想遠点動画像を見終わった回復処置後の状態について，該当するものに〇印をつけてください．

　　（　）疲労が回復せず，そのまま蓄積している．

　　（　）疲労は幾分回復し，疲労感も僅かに減少した．

　　（　）疲労が比較的回復し，疲労感もかなり減少した．

　　（　）疲労の回復が著しく，疲労感をほとんど感じない．

　　（　）疲労がすっかり回復し，疲労感をまったく感じない．

☆回復処置後の①から④の状況について，該当するものに○印をつけてください
 (いくつ○印をつけていただいても結構です)．
　①眼部に見られる疲労の回復状況
　　（　）目がすっきりした．　　（　）目の乾きが止まった．
　　（　）目の痛さが解消した．
　②眼の調節機能の疲労の回復状況
　　（　）映像がはっきり見える．
　　（　）目の周辺部の違和感がなくなった．
　　（　）遠くがよく見える．
　③頭脳に見られる疲労の回復状況
　　（　）前額部の重苦しさが解消した．　　（　）後頭部の重苦しさが解消した．
　　（　）頭がすっきりした．
　④身体に見られる疲労の回復状況
　　（　）肩や首筋のこりが解消した．　　（　）腰の痛みがとれた．
　　（　）身体が軽くなった．
☆回復処置後も残存する①から④の症状について，該当するものに○印をつけて
 ください(いくつ○印をつけていただいても結構です)．
　①眼部に見られる症状
　　（　）瞼が熱い．　　（　）目が乾く．　　（　）目が痛い．
　②眼の調節機能の低下
　　（　）画面を見つめていると映像がぼけることがある．
　　（　）目がチラチラする．　　（　）目がかすむ．
　③頭脳に見られる症状
　　（　）前額部が重い．　　（　）後頭部が重い．　　（　）頭がぼんやりする．
　④身体に見られる症状
　　（　）肩や首筋がこっている．　　（　）腰が痛い．　　（　）身体がだるい．
☆補色の提示時間(47秒)について伺います．
　　（　）短すぎる．　　（　）ちょうどよい．　　（　）長すぎる．
☆仮想遠点動画像の提示時間(39秒)について伺います．
　　（　）短すぎる．　　（　）ちょうどよい．　　（　）長すぎる．

＊ VDT作業のたびに，同様の質問をVDT作業者に記入させます．

索　引

人名索引

アルン（Arun Garg） 104
アレン（Alan G. Knapp） 104
ウェーバー（Weber） 8, 9
ヴント（Wundt） 4
ケンドール（Kendall） 63
フェヒナー（Fechner） 8, 9

事項索引

＜あ，い＞

α 波 13, 86
アロマテラピー 3
ISA（万国規格統一協会） 4
ISO（国際標準化機構） 4

1 元配置分散分析 41
色刺激の無彩色化システム .. 128, 129, 145, 151
因子間変動 94, 97

＜う，え，お＞

ウェーバーの法則 169
ウェーバー比 41, 169
映り込み 27, 35, 38, 42, 49, 53, 58, 59, 60, 78

SI 単位系 92
F - 検定 97

F 比（分散比） 35, 36, 41, 48, 59, 69, 70, 78, 79, 134

オストワルト表色系の色相環 169

＜か＞

概念推進処理 17, 76
回復の指標 147
学習効果 7, 11, 76, 110, 112, 113
確率誤差 10
仮想遠点動画像 127, 131, 133, 137, 140, 143, 147, 151
カテゴリ評価の尺度 92, 93, 123, 136, 158
可読性 ... 17, 53, 56, 58, 59, 60, 62, 63, 67, 69, 70, 76, 78, 79, 85, 86
空試験 9, 20, 33, 45, 56
感覚 8, 9, 10, 12, 28, 91, 92, 93, 137
玩具 3
眼精疲労の回復方式 147, 151, 155
簡単反応時間 56, 68

＜き＞

危険率 35, 37, 41, 47, 59, 69, 78, 96, 134
輝度差弁別いき 17, 39, 86
輝度対比 43, 45, 48, 49, 54, 55, 60, 85, 86, 110, 123
急性疲労 100
95％信頼区間（CL） 35, 49, 58, 96, 117

極限法 10, 11, 17
極小変化法 11
許容輝度差 87
許容誤差 94
筋電位 13, 15, 86
近点距離 103, 122, 147
近点調節時間 103, 104
筋肉疲労 100, 108, 151

<く，け>

偶発誤差 95
グリコーゲン 105
グレア 23, 27, 40, 59, 60, 62, 102

蛍光表示管(VFT) 23, 36
形状の類似性 61, 62
系統誤差 95
ケンドール(Kendall)の一致度係数 170

<こ>

交互作用 35, 47, 59, 69, 70, 78
恒常誤差 7, 8, 10, 92
恒常法 10, 11, 17
光束拡散効果 21
五感(視覚・聴覚・触覚・嗅覚・味覚) ......
　3, 5, 91
国際キログラム原器 92
国際度量衡局 92

<さ，し>

最小2乗法 30, 44, 97
産業用ロボット 3, 158
3元配置分散分析 35, 46, 58
3次元画像(3D画像) 132

CRT(ブラウン管) 170
視感覚系 102, 104, 122, 147
視器運動系 103, 104, 122, 147
色彩 3, 49, 85, 149
色相弁別いき 86
刺激いき 7, 9, 11, 12, 18
仕事(作業能率) 99
θ波 13, 15, 86
視認性 13, 17, 18, 53, 56, 69, 85, 88, 155
視認性の評価方式 85, 86, 87, 88
視認方向角認知いき 20, 22, 23
自由度 35, 41, 48, 59, 69, 78, 95, 134
主観的な輝度対比等価点 45, 46, 47, 88
主観的な等価輝度 17, 20, 27, 29, 35, 39, 87
主観的な等価点(PSE) 170
主観的な等価波長いき 86
照射照度いき値 53, 59
情報通信 3
照明 ... 3, 12, 21, 25, 42, 50, 51, 65, 71, 82, 89,
　97, 98, 104, 124, 125, 149
自立型ヒューマノイド 5, 158
視力 33, 45, 56, 68, 76, 86, 102, 108, 109,
　110, 111, 113, 123, 147
心身症 3, 101, 105, 118, 127, 136, 151
心拍数 101, 104, 122, 147
心理学 1, 4, 9, 158
心理物理学 1, 4, 7, 17, 86, 88, 91, 92, 155,
　158

<す，せ，そ>

水晶体(レンズ) 100, 102, 135
生活用品 3
精神疲労 100, 101, 108, 151
セグメント同士の重なり 170

絶対いき 9, 18

相関 1, 37
相関係数 37, 49

<ち>

知覚 4, 7, 9, 13, 27, 76, 85, 86, 91, 99, 122
知覚限界輝度差 41
蓄積疲労 13, 100, 127, 136, 151
注視状態 15
重畳輝度 38
調整法 10, 11, 17, 21
調節機能の回復システム 127, 129, 131, 145, 151
調節機能の低下の測定装置 ... 108, 109, 110, 111, 112
調節持続時間 103, 104

<て, と>

TFT-LCD(薄膜トランジスター型液晶ディスプレイ).......... 105, 113, 115, 117, 118
t-検定 41
t-分布表 35, 161, 164
ディオプター(Diopter) 171
電球口金形蛍光ランプ 67, 76

ドライアイ 101

<な, に, ぬ>

2元配置分散分析 36, 37, 134
認知 4, 13, 17, 53, 62, 63, 67, 76, 78, 86, 88, 91
認知いき 18, 20, 21, 22, 63

日周性疲労 100, 102, 113, 116, 117, 122, 127, 133, 136, 140, 143, 147, 151

ネガタイプ液晶表示器 27, 32, 42, 54, 55, 56, 58, 59, 60, 62, 85, 86

<は, ひ>

反射グレア 171
反射損失 18, 60

比較刺激 ... 7, 17, 19, 27, 31, 32, 33, 39, 43, 45
標準刺激 7, 17, 18, 27, 31, 32, 33, 39, 43, 45, 48, 49, 50
標準偏差(SD) 35, 37
疲労 4, 13, 56, 76, 86, 91, 92, 99, 102, 103, 104, 108, 109, 112, 115, 117, 118, 121, 122, 123, 127, 128, 131, 133, 136, 137, 139, 140, 143, 147, 151, 155, 156
疲労の指標 118, 120, 121, 143, 147
疲労の評価方式 .. 122, 123, 125, 151, 155, 156

<ふ, へ, ほ>

VDT(表示端末)........ 99, 102, 104, 112, 113, 115, 117, 118, 121, 122, 123, 128, 131, 133, 136, 137, 140, 143, 147, 151
フェヒナーの法則(ウェーバー・フェヒナーの法則) 171
福祉機器 3
物理学 1, 7, 8, 9, 10, 17, 88, 91, 155, 158
ブドウ糖 105
フリッカ ... 102, 103, 104, 105, 106, 107, 122, 124, 147
分散 37, 39, 48, 58, 95, 134

平均誤差法 10
平均平方(不偏分散) 171

偏差平方和 95
変動因子 35, 37, 46, 47, 48, 53, 58, 59, 69, 70, 78, 134
弁別いき(DL) 8
補色 127, 128, 133, 137, 140, 143, 147, 151

<み，め，も>

見かけの変形 73, 80
脈圧 101, 104, 105, 106, 107, 122, 147
ミュージックテラピー 3

明視性 ... 13, 17, 18, 27, 28, 32, 35, 45, 53, 54, 55, 85, 86, 155

網膜 ... 13, 18, 21, 31, 39, 49, 62, 85, 102, 117, 127, 128, 131, 151

毛様体筋 ... 100, 101, 102, 112, 117, 134, 135, 139, 144

<ゆ，よ>

有意差 35, 39, 48, 59, 69, 78

4元配置分散分析 69, 70, 78, 79

<ら，り>

ランドルト環 103, 108, 109, 110, 111, 112, 117

両眼奥行き視 135
両眼視差 73, 80, 86, 135
緑色発光ダイオード表示器(G-LED).... 23, 28

著者紹介

村岡哲也（むらおか　てつや）

職業能力開発総合大学校東京校教授

1947 年生まれ
1991 年　工学博士
1994 年　高度技術の開発に対して（財）相川技術振興財団より表彰
1995 年　IEEE より優秀論文賞を受賞
1996 年～ 1998 年　通信・放送機構の研究フェロー

心理物理学，ヒューマン・マシンインターフェイス，イメージング・サイエンス
　などの分野で 100 編程度の論文と著書 4 冊

IEEE(The Institute of Electrical and Electronics Engineers)，電気学会，日本人間
　工学会会員

心理物理学
―― 心理現象と視機能の応用 ――

定価はカバーに表示してあります．

2005 年 2月25日　1版1刷発行　　　ISBN 4 − 7655 − 0242 − 2 C3050

著　者　村　岡　哲　也
発行者　長　　祥　　隆
発行所　技報堂出版株式会社

〒 102-0075　東京都千代田区三番町 8−7
　　　　　　　（第 25 興和ビル）
電　話　営　業　(03)(5215)3165
　　　　編　集　(03)(5215)3161
FAX　　　　　　 (03)(5215)3233
振替口座　00140-4-10
http://www.gihodoshuppan.co.jp/

日本書籍出版協会会員
自然科学書協会会員
工学書協会会員
土木・建築書協会会員

Printed in Japan

装幀　芳賀正晴　印刷・製本　シナノ

Ⓒ Tetsuya Muraoka, 2004

落丁・乱丁はお取り替え致します．
本書の無断複写は，著作権法上での例外を除き，禁じられています．

関連図書のご案内

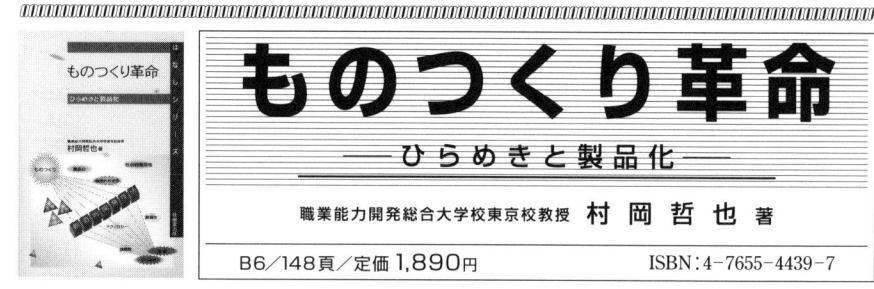

ものつくり革命
―ひらめきと製品化―

職業能力開発総合大学校東京校教授 村岡哲也 著

B6／148頁／定価 1,890円　ISBN：4-7655-4439-7

" 「ものつくり」の原点である「独創的開発技法」すなわち，独創的で新規性のある発想をひらめかせ，ひらめいた発想の社会的有用性を評価し，不定形な発想を理論的に形状化するための基本的な考え方を示した．今後ますます製品に要求される人間性を念頭に，人の五感の研究成果や感覚計測における尺度評価およびデータの取得方法や統計処理法の紹介，制御機器の保護ケースや福祉機器開発など，発想のポイントと企画・立案から製品化までの論理手法をわかりやすく解説． "

主要目次

第I章 **虚像のものつくり王国**
日本型テクノロジーの低迷／産業を支えるロボットの進化

第II章 **独創的で新規性のある発想のポイント**
独創的で新規性のある発想／新製品の開発／特許の取得

第III章 **感覚計測**
物理量と感覚／感覚の評価尺度／被験者と計測器

第IV章 **視　覚**
視器／等色関数／視覚器と光源／視覚器としてのCCDカメラ

第V章 **視覚の応用**
視機能に準拠した色むらの自動識別装置／塗料の調色装置／画像情報処理キット／主観的濃度むらの評価スケール

第VI章 **聴覚の応用**
ミュージックテラピー／ホテル火災の緊急避難誘導システム

第VII章 **嗅覚，味覚，触覚の応用**
嗅覚の応用／味覚の応用／触覚の応用

第VIII章 **生理機能**
大脳生理と心／循環機能

第IX章 **眼精疲労の評価・回復装置**
VDT作業／疲労の定義／眼精疲労の評価／眼精疲労の自動識別装置／眼精疲労の回復方式／眼精疲労の回復装置

第X章 **制御機器の保護ケースと福祉機器**
制御用パソコンの保護ケース／快適で安全な電動カート

第XI章 **ものつくり王国の復活と未来**
知的産業時代のものつくりと価値観／知的産業時代の技術者

技報堂出版　TEL 編集 03(5215)3161　営業 03(5215)3165
FAX 03(5215)3233